Fitness Ernährung

Das große Fitness Kochbuch mit 100 Rezepten für das Krafttraining und die Fettverbrennung

Sports & Vitality Experts

VKN VERLAG

Inhaltsverzeichnis

Frühstück

Salate

Suppen

Hauptspeisen

Inhaltsverzeichnis

Inhaltsverzeichnis

Aufstriche und Dips

Getränke

Das Wichtigste beim Krafttraining

Krafttraining? Vielleicht denkst du dabei zuerst an Bodybuilder oder an Leistungs- bzw. Extremsportler. Dass du sogar von zu Hause aus mit Leichtigkeit und Genuss deine Ziele erreichen kannst, wirst du in diesem Buch erfahren. Auch wenn du gesund und munter bist, nur hier und da die Hose zwickt, du dich vielleicht schlapp oder lustlos fühlst sobald es ans Sportliche geht, dann könnte es Zeit für eine Veränderung in deinem Leben sein. Du spürst, wenn du in dich hinein hörst, ob du deinen Körper steuerst oder er dich. Ein träger Körper mit wenig Muskelmasse wird dir in der Regel sagen: „Bleib lieber zu Hause!“, „Streng dich nicht so an, Stress ist ungesund”, „Bis jetzt hat es doch auch so geklappt, warum solltest du jetzt plötzlich etwas verändern?“ „Die / der Bekannte hat doch auch einige Polster und kommt gut durchs Leben” oder „Morgen ist auch noch ein Tag.” Wenn du dich von den obigen Gedanken ertappt fühlst, ist es an der Zeit, alte Gewohnheiten loszulassen und mit positiver Energie in die Veränderung zu gehen. Um eines vorweg zu nehmen: Wir wollen dich hier nicht ermutigen, zum professionellen Bodybuilding zu wechseln. Wir wollen dir vielmehr eine Unterstützung zur Entwicklung geben, falls du dich mit den aufgeführten Gedanken immer öfter unwohl fühlst, da du weißt, dass deine Gesundheit und deine Energie schon einmal in besserem Zustand waren – oder die vorgestellte Lebensweise dir zusätzliche, neue Perspektiven bieten kann. Vielleicht bist du auch über 30 und merkst, wie die Leistungsfähigkeit deines Körpers langsam nachlässt. Dagegen lässt sich etwas tun!

Generell gilt für den Muskelaufbau: Der Körper eines Erwachsenen will in Bezug auf die Materie, aus der er besteht, stets den energetischen Status Quo aufrechterhalten. Hinzu kommt, dass er in Mangelzeiten konzipiert wurde, in welchen weniger Kalorien zur Verfügung standen als benötigt, und daher nicht etwa Muskelmasse auf Vorrat bereithält, falls die Muskeln selten oder gar nicht benutzt werden.

Muskeln aufzubauen ist also keine Idee, auf die dein Körper ohne regelmäßige Stimulierung von außen kommen würde. Muskelmasse zu erhalten kostet den Organismus darüber hinaus mehr Energie, als das Nervengewebe sowie die Fett-, Knochen- oder Bindegewebsmasse zu erhalten, welche die anderen Bestandteile deines Körpers ausmachen. Muskeln sind die Kraftwerke unseres Körpers, aufwendig in der Wartung, sie verbrennen jedoch auch dann Nährstoffe, wenn sie gerade nicht benötigt werden. Der Ofen ist quasi so schnell nicht auszumachen, er verbrennt auch im Ruhezustand, also wenn du lediglich atmest, mehr Energie als es reine Fettmasse tun würde. Fett ist sozusagen die Umzäunung des Kraftwerkes: relativ starr, jedoch wartungsarm und geduldig.

Beim Krafttraining ist es in der Regel wie bei anderen Gewohnheiten auch: Zu Beginn wird es bewusst ausgeführt, und im Laufe der Zeit integriert es sich automatisch in dein Leben. Du wirst dich nach wenigen Tagen schon fitter fühlen und insgesamt mehr Leichtigkeit in deinem Leben spüren. Dir werden körperliche Belastungen einfacher fallen, dein allgemeines Energielevel wird sich erhöhen und zudem verbessert sich dein Hautbild, wenn du gesund lebst. Auch wirst du wahrscheinlich während der Aufbauphase häufigeren

und plötzlicheren Appetit verspüren als zuvor.
Wir nehmen Kalorien durch die Nahrung auf; die Nahrung besteht aus Makro- und Mikronährstoffen sowie Wasser. Makronährstoffe sind Kohlenhydrate, Eiweiße und Fette, Mikronährstoffe sind Vitamine und Spurenelemente, die bei der Verarbeitung der Makros helfen. Wenn sie im richtigen Verhältnis zueinander vorhanden sind, findet auch Muskelaufbau statt. Du benötigst als gesunder Mensch normalerweise keine Nahrungsergänzungspräparate und musst auch nichts aufwendig studieren, sondern achtest auf die Zeichen deines Körpers, worauf dieser Appetit hat. Wenn du am Anfang mit der trainingsunterstützenden Kost aus diesem Buch noch nicht vertraut bist, dann gehe einen Schritt in die richtige Richtung, bis du dich an die Art der Nahrung gewöhnt hast! Bei Rauchern ist das Appetitgefühl oft verfälscht, daher lohnt hier auf jeden Fall das Studium einzelner Lebensmittel und deren Inhaltsstoffe. Wenn du aber Muskeln aufbauen willst, ist es nicht förderlich, gleichzeitig zu rauchen, da weder deine Geschmacksnerven noch deine Leistungsfähigkeit ideal funktionieren können, wenn der Luft- Stoffwechsel, die Geschmacksnerven und der Geruchssinn gestört sind. Falls du ein Raucher bist, so kannst du es auch schaffen, weniger zu rauchen oder ganz aufzuhören, wenn du die Ideen im Buch umsetzt.
Wie soll man sich idealerweise ernähren, um Muskelmasse aufzubauen? Allgemein gesagt benötigst du einen Kalorienüberschuss von 500-2000 kcal über deinem täglichen Grundumsatz. Hierbei handelt es sich um den Wert, den dein Körper für die Überlebensfunktionen wie Atmung, Körpertemperaturregelung oder Verdauung benötigt und du täglich verbrauchen darfst, ohne zuzunehmen. Dieser wird wie folgt berechnet: Grundumsatz = Körpergewicht (kg) x 24 Stunden. Hierbei handelt es sich jedoch nur eine grobe Faustregel. Exakter kannst du diesen mit der sogenannten Harris-Benedict-Formel berechnen: Für Männer gilt hierbei: Grundumsatz = 66,47 + (13,7 x Körpergewicht in kg) + (5 x Körpergröße in cm) – (6,8 x Alter in Jahren). Für Frauen gilt: Grundumsatz = 655,1 + (9,6 x Körpergewicht in kg) + (1,8 x Körpergröße in cm) – (4,7 x Alter in Jahren). Anhand dieser Formel hat ein 30 Jahre alter Mann bei einer Größe von 1,80 Meter und einem Gewicht von 80 kg einen Grundumsatz von etwa 1858 Kalorien.
Wenn du den Wert hast, addierst du zu deinem Kalorien- Tagessatz je nach deiner körperlichen Tätigkeit Kalorien hinzu. Bei einer sitzenden Arbeit, etwa im Büro, sind es etwa 500-700 kcal, bei einer körperlich herausfordernden Tätigkeit, wie z.B. Handwerker oder Kellner, sind es etwa 1200-1800 kcal, welche du zu deinem Grundumsatz hinzufügen solltest. Diese Summe ist dann deine optimale Kalorienmenge für einen Tag. Falls du weniger Kalorien zu dir nimmst, fällt es deinem Körper schwer, Muskeln aufzubauen, da dieser die Energie zur Deckung lebenswichtiger Funktionen nutzen würde. Der Überschuss sollte aus Proteinen, also Eiweißen, bestehen - dann legt der Körper es in Muskeln an, denn er kann überschüssiges Protein nicht speichern. Umgekehrt wird auf Muskelmasse zugegriffen, wenn der Körper einen Kalorien-Mangel hat, den er nicht mehr mit Kohlenhydraten oder Fetten beziehungsweise Proteinen, die noch im Blutkreislauf sind, ausgleichen kann. Aus anderen Makronährstoffen, die im Überfluss da sind, würde dein Körper nun Körperfett herstellen, um sie für schlechte Zeiten zu speichern. Proteine sind lediglich in Form von Muskeln, Hornhaut oder Haaren speicherbar, also dort, wo Körpergewebe entsteht.

Dein Muskelwachstum kannst du am besten mit einer Körperfettwaage feststellen oder du misst an den Gliedmaßen den Umfang deiner Muskeln.
Als Mischköstler oder Allesesser kannst du auf mehr Lebensmittel als ein Vegetarier oder Veganer zurückgreifen, um dein Kalorien- Soll zu erreichen. Die klassischen Nahrungsmittel zum Muskelaufbau sind jedoch in erster Linie pflanzlichen Ursprungs: Mais, Bohnen, Erbsen, Avocado, Nüsse, Quinoa, Kartoffeln, Linsen etc. bilden die Basis. Mit Fisch, Fleisch, Käse, Eiern und Milch ergänzt du deinen Speiseplan. Bei den Fleischsorten ist zu beachten, dass manche leichter und einige schwerer verdaulich sind, und dein Körper für die Verdauung Energie benötigt. Dies könnte zu Schlappheit vor oder während des Trainings führen. Daher ist das Timing des Fleischessens wichtig: Kurz vor dem Training ist es nicht ideal; hier bieten sich Bananen und Müsliriegel, idealerweise mit viel Haferflockenanteil, an.
Egal, was du isst: Höre bitte immer auf die Signale deines Körpers! Wenn Heißhunger aufkommt, fehlt dem Körper etwas. Wenn du keinen Appetit auf ein bestimmtes Gericht verspürst, ist das Lebensmittel in diesem Moment nicht das richtige. Habe am besten immer einen Sportlersnack und Wasser dabei! Wenn du Hunger auf Süßes hast, schaue lieber nach Obst, statt zum Schokoriegel zu greifen. Süßhunger ist ein Signal des Körpers, dass Vitamine fehlen, die in Obst stecken. Vitamine helfen, die Makronährstoffe Kohlenhydrate, Fette und Eiweiße aufzunehmen und den bedürftigen Körperregionen zuzuführen. Wenn du Heißhunger auf Fleisch hast, benötigt dein Körper allem Anschein nach Proteine, den wichtigsten Baustein für Muskelaufbau. Gelegentlich handelt es sich bei der Lust auf Fleisch aber um eine Täuschung: Uns zieht das Gewürz der Fleisch- oder Wurstprodukte an, weil wir einen Mangel an Salz haben, welcher zu Schwindel, Krämpfen oder Leistungseinbußen führen kann. Hochwertige Salze aus dem Gewürzladen sind in der Regel einfachem Industriesalz vorzuziehen, doch Letzteres erfüllt auch seinen Zweck. Die Rezepte an die Bedürfnisse anzupassen ist nicht zuletzt deshalb wichtig, damit du motiviert bleibst und die Lust am Trainieren behältst. Denke bitte immer daran, genug zu trinken. Das hört sich altklug an, doch Wasser sorgt auch für das ideale Funktionieren des Stoffwechsels.

Nun wünschen wir dir viel Spaß beim Zubereiten der Speisen, viel Erfolg beim Erreichen deiner Ziele und einen guten Appetit!

Frühstück

American Pancakes

Zubereitungszeit: 15 Minuten

ZUTATEN FÜR 2 PORTIONEN:

50 g Whey-Proteinpulver
50 ml Sojamilch
2 Eier
25 g gemahlene Mandeln
1 Prise Stevia
1 EL Öl
100 g Beeren nach Wahl

ZUBEREITUNG:

Zuerst die Eier trennen und das Eiweiß in einem hohen Rührgefäß steif schlagen.
Nun die Sojamilch in eine Schüssel geben, Proteinpulver und gemahlene Mandeln hinzugeben und vermengen. Den Teig mit Stevia süßen.
Den Eischnee vorsichtig unter Milchmischung heben.
Nun das Öl in einer Pfanne erhitzen und den Teig Esslöffelweise hineingeben. Die Pancake-Masse von beiden Seiten ca. 2 Minuten goldbraun ausbacken.
Mit dem restlichen Teig ebenso verfahren.
Die Beeren auf die Pancakes geben und servieren.

NÄHRWERTE PRO PORTION: Kalorien: 325 kcal Kohlenhydrate: 12 g Eiweiß: 18 g Fett: 22 g

Skyr-Pancakes

ZUBEREITUNGSZEIT: 15 MINUTEN

ZUTATEN FÜR 2 PORTIONEN:

80 g Skyr
20 g Eiweißpulver
2 Eier
1 Prise Zimt
1 EL Kokosöl
100 g Beeren nach Wahl

ZUBEREITUNG:

Die Eier aufschlagen. Anschließend Skyr, Eiweißpulver und Zimt hinzugeben und zu einem homogenen Teig verrühren.
Das Kokosöl in einer Pfanne erhitzen und den Teig goldgelb ausbacken.
Mit den Beeren verzieren und genießen.

NÄHRWERTE PRO PORTION: Kalorien: 170 kcal Kohlenhydrate: 7 g Eiweiß: 18 g Fett: 6 g

Tomaten-Mozzarella-Omelett mit Schinken

ZUBEREITUNGSZEIT: 20 MINUTEN

ZUTATEN FÜR 2 PORTIONEN:

80 g Kirschtomaten
150 g Büffelmozzarella
6 Eier
1 EL Olivenöl
1 EL Butter
6 Salbeiblätter
4 Scheiben Parmaschinken
Salz und Cayennepfeffer

ZUBEREITUNG:

Als erstes die Tomaten waschen und halbieren. Den Mozzarella aus der Verpackung nehmen und trocken tupfen. Anschließend in Stücke schneiden.

Nun die Eier in einer Schüssel schlagen, verquirlen und mit Salz und Pfeffer würzen.

Anschließend Öl in einer Pfanne erhitzen und die Butter darin zerlassen. Den Salbei in die Pfanne geben und anbraten. Den gebratenen Salbei aus der Pfanne nehmen und das Ei hineingeben.

Bei geringer Wärmezufuhr das Ei stocken lassen.

Das fertige Omelett auf Tellern anrichten und mit Tomaten, Mozzarella, Schinken und Salbei belegen und vor dem Servieren zusammenklappen.

NÄHRWERTE PRO PORTION: Kalorien: 557 kcal Kohlenhydrate: 3 g Eiweiß: 37 g Fett: 44 g

Spinat-Omelett

ZUBEREITUNGSZEIT: 20 MINUTEN

ZUTATEN FÜR 2 PORTIONEN:

4 Eier
100 g Blattspinat
3 Kirschtomaten
1 Frühlingszwiebel
1 EL Öl
2 EL Sahne oder Schmand
¼ Knoblauchzehe
1 Prise Muskat
Salz und Pfeffer

ZUBEREITUNG:

Zunächst die Frühlingszwiebeln waschen und in Ringe schneiden. Den Knoblauch schälen und hacken. Das Öl in einer Pfanne erhitzen und Knoblauch sowie Frühlingszwiebeln darin anrösten.
Nun den Spinat putzen und ebenfalls in die Pfanne geben. So lange braten, bis der Spinat zusammengefallen ist.
In der Zwischenzeit die Eier in eine Rührschüssel schlagen und Sahne oder Schmand hinzugeben und verquirlen. Mit Muskat, Salz und Pfeffer würzen und in die Pfanne einfließen lassen.
Nun noch die Kirschtomaten waschen, halbioron und ebenfalls in die Pfanne geben.
Die Temperatur verringern und das Ei bei mittlerer Wärmezufuhr stocken lassen.
Von beiden Seiten 4 Minuten goldbraun ausbacken.
Das fertige Omelett auf zwei Teller anrichten und vor dem Servieren zusammenklappen.

NÄHRWERTE PRO PORTION:

Kalorien: 258 kcal Kohlenhydrate: 5 g Eiweiß: 11 g Fett: 21 g

Frischkäse-Omelett mit Räucherlachs

Zubereitungszeit: 10 Minuten

ZUTATEN FÜR 2 PORTIONEN:

½ Becher körniger Frischkäse
100 g Räucherlachs (in Scheiben)
4 Eier
100 ml Milch, fettarm, 1,5%
50 g Feldsalat
1 TL Olivenöl
Salz und Pfeffer

ZUBEREITUNG:

Eier, Schinken, Frischkäse und Milch in einer Schüssel gut vermengen.
Mit Salz und Pfeffer abschmecken.
In einer Pfanne etwas Öl erhitzen, die Omelett-Masse hineingeben und mit einem Teller abdecken, Herd ausschalten und das Omelett ziehen lassen, bis die Masse gestockt ist. Anschließend die Lachsscheiben auf dem Omelett verteilen und mit dem Feldsalat zusammengeklappt genießen.

NÄHRWERTE PRO PORTION: Kalorien: 182 kcal Kohlenhydrate: 4 g Eiweiß: 19 g Fett: 10 g

Low Carb Brötchen

ZUBEREITUNGSZEIT: 25 MINUTEN, BACKZEIT: 10-15 MINUTEN

ZUTATEN FÜR 8 BRÖTCHEN:

6 Eiweiß
120 ml Kokosmilch, vollfett
195 g Mandelmehl
30 g Kokosmehl
2 TL Backpulver
2 EL Kokosöl, kalt
Backpapier
1 Handvoll Gewürze, wie Sesam oder Kümmel

ZUBEREITUNG:

Das Eiweiß zusammen mit der Kokosmilch in ein Rührgefäß geben und mit einem Handrührgerät zu einem glatten Teig verrühren.
Anschließend Mandel- und Kokosmehl zusammen mit Backpulver vermischen, das Kokosöl hinzugeben und alles gut mit einer Gabel verkneten. Der Teig sollte bröselig sein.
Nun die Ei-Masse zum Mehlgemisch geben und zu einem homogenen Teig verkneten.
Anschließend ein Backblech mit Backpapier auslegen und den Teig mit einem Löffel zu Teigkugeln formen, die auf das Backblech gelegt werden.
Die Brötchen leicht mit Wasser anfeuchten und mit dem Gewürz bestreuen.
Die Brötchen für 10-15 Minuten bei 175°C backen.

NÄHRWERTE PRO PORTION: Kalorien: 165 kcal Kohlenhydrate: 3 g Eiweiß: 17 g Fett: 8 g

Nussbrötchen

ZUBEREITUNGSZEIT: 20 MINUTEN, BACKZEIT: 30 MINUTEN

ZUTATEN FÜR 6 BRÖTCHEN:

250 g Skyr
150 g Walnüsse, gemahlen
100 g Quinoa, gekocht
150 g Haferflocken
1 Ei
2 EL Öl
1 Prise Salz
1 TL Natron
1 Prise Erythrit

ZUBEREITUNG:

Skyr, Ei, Salz und Öl in eine Schüssel geben und cremig rühren.
Quinoa, Walnüsse, Haferflocken und Natron hinzugeben und alles gut miteinander verkneten. Nach Geschmack mit Erythrit süßen.
Ein Backblech mit Backpapier auslegen und 6 Brötchen aus der Masse formen. Diese auf das Blech setzen und die Brötchen bei 180° C für 30 Minuten backen.

NÄHRWERTE PRO PORTION: Kalorien: 389 kcal Kohlenhydrate: 29 g Eiweiß: 15 g Fett: 23 g

ZUTATEN FÜR 2 PORTIONEN:

350 g Skyr
300 g Dinkelmehl Type 630
1 Päckchen Backpulver
2 Eier
1 TL Salz
2-3 EL Milch

ZUBEREITUNG:

Den Backofen auf 200° C vorheizen und ein Backblech mit Backpapier auslegen.
Alle Zutaten gemeinsam in eine Schüssel geben und verkneten.
Aus dem Teig 9 Brötchen formen und auf das Backblech legen.
Die Brötchen für 20-25 Minuten backen.

NÄHRWERTE PRO PORTION: Kalorien: 175 kcal Kohlenhydrate: 28 g Eiweiß: 10 g Fett: 2 g

Roggen-Dinkel-Brot

Zubereitungszeit: 20 Minuten, Backzeit: 50 Minuten, Ruhezeit: 14 Stunden

ZUTATEN FÜR 1 BROT:

330 g Roggen-Vollkornmehl
1050 g Dinkel-Vollkornmehl
40 g Salz
Brotgewürz nach Belieben
950 ml Wasser, lauwarm
100 g Sauerteig
1 Msp. Hefe oder Trockenhefe

ZUBEREITUNG:

Das Mehl in eine Schüssel geben und mit dem Salz vermischen.
Den Sauerteig auflösen und zusammen mit dem Wasser und der Hefe in die Schüssel geben.
Alles zusammen gut durchmischen, bis keine Mehlnester mehr vorhanden sind.
Den Teig abgedeckt ca. 14 Stunden an einem warmen Ort gehen lassen.
Anschließend den Teig nochmals ca. 10 Minuten durchkneten.
Den Ofen mit Ober- und Unterhitze auf 250° C aufheizen und darin das Brot ca. 25 Minuten backen, bis es eine schöne Bräunung hat.
Nun den Ofen auf 180° C zurückschalten und das Brot noch 35 Minuten fertig backen.

NÄHRWERTE PRO PORTION: Kalorien: 628 kcal Kohlenhydrate: 36 g Eiweiß: 11 g Fett: 2 g

Kerniges Porridge

Zubereitungszeit: 5 Minuten, Ruhezeit: über Nacht

ZUTATEN FÜR 2 PORTIONEN:

300 g Skyr
300 ml Milch (fettarm), 1,5 %
60 g Haferflocken
2 Aprikosen, getrocknet und gehackt
2 EL Rosinen
2 EL Kürbiskerne
2 EL Sonnenblumenkerne
Früchte nach Wahl
Nüsse nach Belieben

ZUBEREITUNG:

Den Skyr in eine Schüssel geben und mit der Milch glattrühren.
Die Haferflocken und die Aprikosen untermengen.
Zum Schluss die Kerne und die Rosinen unterheben.
Alles in eine Schale geben und mit dem Deckel verschlossen über Nacht in den Kühlschrank stellen.
Am nächsten Morgen das Porridge mit den Früchten und den Nüssen garnieren und genießen.

NÄHRWERTE PRO PORTION: Kalorien: 483 kcal Kohlenhydrate: 49 g Eiweiß: 35 g Fett: 17 g

Herzhafte Waffeln

Zubereitungszeit: 20 Minuten

ZUTATEN FÜR 2 PORTIONEN:

90 g Skyr
130 g Mehl
1 Ei
200 g Zucchini
½ Zwiebel
100 g Möhren
½ Knoblauchzehe
Kräuter
Salz und Pfeffer

ZUBEREITUNG:

Die Möhren schälen und raspeln. Gleiches mit den Zucchini.
Nun die Zwiebel schälen, fein würfeln und den Knoblauch schälen und pressen.
Den Skyr mit dem Ei verquirlen und das Mehl einrühren.
Anschließend das Gemüse zum Teig geben und untermischen. Mit Salz, Pfeffer und den Kräutern würzen.
Jeweils 2 EL des Teiges in ein Waffeleisen geben und die Waffeln goldgelb ausbacken.

NÄHRWERTE PRO PORTION: Kalorien: 320 kcal Kohlenhydrate: 52 g Eiweiß: 17 g Fett: 5 g

Sandwich mit Lachs

ZUBEREITUNGSZEIT: 5 MINUTEN

ZUTATEN FÜR 2 PORTIONEN:

2 Brötchen nach Wahl
120 g Räucherlachs
2 Tomaten
4 Salatblätter
1 EL Frischkäse, fettreduziert
2 EL Kresse

ZUBEREITUNG:

Die Tomaten waschen und in Scheiben schneiden. Die Salatblätter waschen und trocken tupfen.
Jeweils zwei Salatblätter auf die Brötchen geben und mit dem Frischkäse bestreichen.
Anschließend die Tomatenscheiben und den Lachs darauflegen und mit der Kresse garniert genießen.

NÄHRWERTE PRO PORTION: Kalorien: 192 kcal Kohlenhydrate: 10 g Eiweiß: 18 g Fett: 7 g

Blaubeer-Hafer-Skyr

Zubereitungszeit: 5 Minuten

ZUTATEN FÜR 2 PORTIONEN:

400 g Skyr
100 ml Milch (fettarm), 1,5 %
6 EL Haferkleie
Beeren nach Wahl
2 EL Agavendicksaft

ZUBEREITUNG:

Den Skyr in eine Schüssel geben und mit der Milch vermengen.
Mit dem Agavendicksaft süßen und die Haferkleie unterrühren.
In einer Schüssel anrichten, mit den Beeren garnieren und genießen.

NÄHRWERTE PRO PORTION: Kalorien: 265 kcal Kohlenhydrate: 28 g Eiweiß: 27 g Fett: 3 g

Eier-Käse-Wolken

Zubereitungszeit: 15 Minuten, Backzeit: 5 Minuten

ZUTATEN FÜR 2 PORTIONEN:

4 Eier
4 Scheiben gekochter Schinken
2 EL Parmesan, gerieben
1 EL Schnittlauch
Salz und Pfeffer

ZUBEREITUNG:

Den Backofen auf 200°C vorheizen und ein Backblech mit Backpapier auslegen.
Die Eier trennen, ohne das Eigelb zu beschädigen.
Das Eiweiß steif schlagen, den Schnittlauch in feine Röllchen schneiden und den Schinken kleinwürfeln.
Alle Zutaten vorsichtig unter die Eischneemasse geben, auf dem Backblech kleine Wölkchen verteilen, mit einem Löffel eine kleine Mulde eindrücken und ca. 3 Minuten backen.
Das Eigelb in die Mulde geben und weitere 3 Minuten im Backofen backen lassen.
Mit Salz und Pfeffer würzen und servieren.

NÄHRWERTE PRO PORTION: Kalorien: 212 kcal Kohlenhydrate: 2 g Eiweiß: 19 g Fett: 13 g

Bananenjoghurt

ZUBEREITUNGSZEIT: 5 MINUTEN

ZUTATEN FÜR 2 PORTIONEN:

2 Bananen
500 g Sojajoghurt
4 EL ungesüßter Kakao

ZUBEREITUNG:

Die Bananen schälen und mit den restlichen Zutaten in einem Mixer pürieren.
Die Mischung in eine Schüssel geben, mit Bananenscheiben garnieren und servieren.

NÄHRWERTE PRO PORTION: Kalorien: 273 kcal Kohlenhydrate: 36 g Eiweiß: 4 g Fett: 7 g

Apfel-Walnuss-Quark

ZUBEREITUNGSZEIT: 5 MINUTEN

ZUTATEN FÜR 2 PORTIONEN:

250 g Magerquark
50 g Walnüsse
30 g Erythrit
1 Apfel
½ Becher Schmand

ZUBEREITUNG:

Den Apfel schälen, das Kerngehäuse entfernen und in kleine Stücke schneiden.
Im Anschluss die Walnüsse grob hacken.
Den Quark mit dem Schmand und dem Erythrit gut vermengen, die Apfelstücke und gehackten Walnüsse untermengen und in kleine Schalen füllen.

NÄHRWERTE PRO PORTION: Kalorien: 445 kcal Kohlenhydrate: 18 g Eiweiß: 21 g Fett: 33 g

Salate

Gemischter Salat mit Fleischeinlage

ZUBEREITUNGSZEIT: 20 MINUTEN

ZUTATEN FÜR 2 PORTIONEN:

100 g gemischter Salat nach Wahl
60 g Putenbrust
60 g Kochschinken
60 g Roastbeef
60 g Käse nach Wahl
½ grüne Paprika
½ rote Zwiebel
2 hartgekochte Eier
1 Tomate
1 TL Zitronensaft
1 EL natives Olivenöl
1 TL Worcester-Sauce
1 Eigelb

ZUBEREITUNG:

Zunächst die Paprika in Streifen schneiden, die Tomate waschen, halbieren und in Stücke schneiden. Die Zwiebel schälen und fein hacken. Die Eier halbieren.
Anschließend die Putenbrust waschen und ca. 4 Minuten anbraten.
Währenddessen den Salat waschen und auf 2 Teller geben.
Putenbrust, Schinken, Roastbeef und Käse auf den Salat geben. Eier, Paprika, Tomaten und Zwiebel auflegen.
Olivenöl, Zitronensaft, Worcester-Sauce und Eigelb in ein hohes Gefäß geben und zu einem Dressing verrühren, das über den Salat gegeben wird.

NÄHRWERTE PRO PORTION: Kalorien: 398 kcal Kohlenhydrate: 6 g Eiweiß: 35 g Fett: 26 g

Spargelsalat mit Hähnchen und Mango

ZUBEREITUNGSZEIT: 20 MINUTEN

ZUTATEN FÜR 2 PORTIONEN:

250 g Spargel, grün
½ Kopf Romana-Salat
½ Mango
1 Hähnchenbrust
½ rote Zwiebel
2 Tomaten
50 g Oliven, schwarz
2 EL Himbeeressig
3 EL Sonnenblumenöl
Salz und Pfeffer

ZUBEREITUNG:

Als erstes den Spargel schälen, die holzigen Enden entfernen und klein schneiden.
Salz in einen Topf mit Wasser geben und den Spargel darin für etwa 10 Minuten bissfest kochen.
Währenddessen die Mango schälen, den Stein entfernen und das Fruchtfleisch in Spalten schneiden. Den Salat waschen, trocknen und klein schneiden. Die Tomaten waschen und in Scheiben schneiden. Die Hähnchenbrüste waschen, trockentupfen und mit Salz und Pfeffer würzen. Anschließend in Scheiben schneiden.
2 EL Öl in einer Pfanne erhitzen und die Hähnchenbrüste darin anbraten. Herausnehmen und warmstellen.
Nun die Zwiebel schälen, halbieren und in Ringe schneiden. In die Pfanne geben und andünsten. Mit dem Essig ablöschen und das restliche Öl hineingeben. Mit Salz und Pfeffer abschmecken.
Den Salat in einer Schüssel anrichten und Spargel, Mango und Hähnchen hinzugeben. Mit dem Dressing beträufeln und servieren.

NÄHRWERTE PRO PORTION: Kalorien: 532 kcal Kohlenhydrate: 24 g Eiweiß: 36 g Fett: 33 g

Griechischer Salat mit Garnelen und Feta

Zubereitungszeit: 10 Minuten

ZUTATEN FÜR 2 PORTIONEN:

100 g Eisbergsalat
200 g Garnelen, verzehrfertig
60 g Feta-Käse
100 g Cocktailtomaten
½ Gurke
50 g Oliven
2 EL Olivenöl
1 EL Zitronensaft
Salz und Pfeffer

ZUBEREITUNG:

Zuerst den Salat putzen, die Tomaten waschen und vierteln, die Gurke waschen und in Scheiben schneiden.
Den Feta-Käse würfeln.
Alles zusammen mit den Garnelen und Oliven in ein Schüssel geben, mit dem Olivenöl und Zitronensaft vermischen, mit Salz und Pfeffer würzen und auf Tellern angerichtet genießen.

NÄHRWERTE PRO PORTION: Kalorien: 419 kcal Kohlenhydrate: 7 g Eiweiß: 28 g Fett: 30 g

Thunfisch-Salat

ZUBEREITUNGSZEIT: 10 MINUTEN

ZUTATEN FÜR 2 PORTIONEN:

1 Dose Thunfisch in eigenem Saft
100 g Rucola
2 Tomaten
1 Avocado
50 g Mais
½ Zwiebel
1 EL Öl
2 EL Essig
1 Prise Salz

ZUBEREITUNG:

Zunächst die Tomaten waschen und in Stücke schneiden. Den Rucola vorsichtig waschen und trockenschleudern.
Die Zwiebel putzen und in Ringe schneiden.
Die Avocado schälen, halbieren und den Stein entfernen. Das Fruchtfleisch aus den Schalen lösen und in Würfel schneiden.
Anschließend Mais und Thunfisch abtropfen lassen und mit Rucola, Tomaten und Avocado vermischen.
Öl, Essig und Salz in ein Rührgefäß geben und vermengen.
Das Dressing mit dem Salat vermischen und servieren.

NÄHRWERTE PRO PORTION: Kalorien: 311 kcal Kohlenhydrate: 18 g Eiweiß: 5 g Fett: 22 g

ZUTATEN FÜR 2 PORTIONEN:

100 g Glasnudeln
200 g Hähnchenfilet
½ Paprika
1 Aubergine
1 Zucchini
100 g Brokkoli
2 EL Öl
1 EL Sojasoße
1 TL Cayennepfeffer

ZUBEREITUNG:

Die Glasnudeln für 5 Minuten in das Wasser legen. Währenddessen die Paprika waschen, entkernen und in Streifen schneiden. Die Zucchini halbieren und in Streifen schneiden. Die Aubergine waschen, putzen und in Würfel schneiden. Den Brokkoli waschen und in Röschen teilen.
1 EL Öl in eine Pfanne geben und die zerkleinerten Zutaten darin anbraten.
Das Hähnchenfilet waschen, trocken tupfen und in mundgerechte Stücke schneiden. Mit Salz und Pfeffer würzen. 1 EL Öl in einer Pfanne erhitzen und die Filets darin braten.
Die Nudeln abgießen, anschließend mit dem Gemüse sowie dem Hähnchenfilet vermischen und angerichtet genießen.

NÄHRWERTE PRO PORTION: Kalorien: 445 kcal Kohlenhydrate: 52 g Eiweiß: 26 g Fett: 13 g

Tomaten-Fenchel-Salat

Zubereitungszeit: 10 Minuten

ZUTATEN FÜR 2 PORTIONEN:

250 g Tomaten
1 Fenchel
½ Zwiebel
2 Knoblauchzehen
2 EL Essig
2 EL Olivenöl
Kräuter
Salz und Pfeffer

ZUBEREITUNG:

Den Fenchel waschen, halbieren, den Strunk entfernen und in Scheiben schneiden.
Die Tomaten waschen und ebenfalls in Scheiben schneiden.
Die Zwiebel und den Knoblauch schälen und fein hacken.
Alles in eine Salatschüssel geben.
Essig, Öl, Salz, Pfeffer und Kräuter in eine Schüssel geben und vermischen.
Das Dressing über den Salat geben, vermengen und servieren.

NÄHRWERTE PRO PORTION: Kalorien: 205 kcal Kohlenhydrate: 12 g Eiweiß: 5 g Fett: 15 g

Rucola-Salat mit Erdbeeren

ZUBEREITUNGSZEIT: 10 MINUTEN

ZUTATEN FÜR 2 PORTIONEN:

50 g Rucola
200 g Erdbeeren
6 Blätter Basilikum
100 g Walnüsse
2 EL Orangensaft
1 EL Apfelessig, naturtrüb
1 EL Traubenkernöl
1 Prise Xylit
Salz und Pfeffer

ZUBEREITUNG:

Die Erdbeeren gut waschen, den Stiel entfernen und in Scheiben schneiden.
Nun die groben Stiele des Rucola entfernen und den Rest gut waschen und trockenschleudern.
Aus Orangensaft, Apfelessig, Xylit, Traubenkernöl, Salz und Pfeffer ein Dressing anrühren.
Rucola und Erdbeeren zusammen mit dem Basilikum und den Walnüssen in einer Schüssel anrichten und mit dem Dressing vermengen.

NÄHRWERTE PRO PORTION: Kalorien: 448 kcal Kohlenhydrate: 13 g Eiweiß: 10 g Fett: 38 g

Avocado-Orangen-Salat

Zubereitungszeit: 10 Minuten

ZUTATEN FÜR 2 PORTIONEN:

100 g grüner Salat nach Wahl
4 Kirschtomaten
½ Avocado
½ Orange
¼ rote Zwiebel
2 TL Zitronensaft
1 EL natives Olivenöl

ZUBEREITUNG:

Zunächst die Tomaten waschen und halbieren. Die Zwiebel schälen und fein hacken. Die Avocado entkernen, schälen und in Scheiben schneiden. Die Orange schälen und in kleine Stücke schneiden. Die Zitrone halbieren und auspressen. Den Saft dabei auffangen.
Aus Öl und Zitronensaft ein Dressing herstellen.
Die Salatblätter und Tomatenstücke in eine Schüssel geben und mit dem Dressing vermischen.
Zum Schluss die Orange, Zwiebel und Avocado zum Salat geben und garniert genießen.

NÄHRWERTE PRO PORTION: Kalorien: 200 kcal Kohlenhydrate: 11 g Eiweiß: 3 g Fett: 15 g

Erdbeer-Spargel-Salat

Zubereitungszeit: 15 Minuten

ZUTATEN FÜR 2 PORTIONEN:

200 g Erdbeeren
350 g Spargel, weiß
100 g grüner Salat
1 ½ EL Apfelessig
1 TL Agavendicksaft
1 TL Zitronensaft
2 EL Olivenöl

ZUBEREITUNG:

Zunächst den Spargel schälen, falls dieser noch ungeschält ist.
Nun etwas Wasser in einen Topf geben und ½ TL Salz sowie etwas Zitronensaft unterrühren. Das Wasser erhitzen und den Spargel hinzugeben.
Für 10-15 Minuten garen.
Die Erdbeeren waschen, den Strunk entfernen und halbieren. Den Salat ebenso waschen und abtropfen lassen.
Den Spargel aus dem Wasser nehmen und abkühlen lassen.
Anschließend Essig und Agavendicksaft zusammen verrühren und das Öl darunter schlagen. Mit Salz und Pfeffer würzen.
Den Salat in eine Schüssel geben, mit dem Dressing vermengen und angerichtet genießen.

NÄHRWERTE PRO PORTION:

Kalorien: 213 kcal Kohlenhydrate: 13 g Eiweiß: 5 g Fett: 15 g

Karottensalat

ZUBEREITUNGSZEIT: 15 MINUTEN

ZUTATEN FÜR 2 PORTIONEN:

300 g Karotten
75 g Skyr
200 ml Gemüsebrühe
2 EL Essig
1 EL Öl
2 EL Kräuter
1 Prise Erythrit
Salz und Pfeffer

ZUBEREITUNG:

Die Gemüsebrühe erwärmen. Die Möhren schälen, raspeln und in der Gemüsebrühe köcheln lassen.
Anschließend die Karotten aus der Gemüsebrühe nehmen und abkühlen lassen.
Den Skyr zusammen mit Essig, Öl und Kräutern vermengen, mit Erythrit, Salz und Pfeffer abschmecken und verrühren.
Die Karotten mit dem Dressing vermengen und servieren.

NÄHRWERTE PRO PORTION: Kalorien: 175 kcal Kohlenhydrate: 17 g Eiweiß: 8 g Fett: 9 g

Selleriesalat

ZUBEREITUNGSZEIT: 40 MINUTEN

ZUTATEN FÜR 2 PORTIONEN:

1 Sellerie
2 EL Öl
3 EL Essig
Salz und Pfeffer

ZUBEREITUNG:

Den Sellerie waschen und im Ganzen in einem Kochtopf für etwa 30 Minuten garen.
Anschließend herausnehmen, kalt abschrecken, schälen und in schmale Stifte schneiden.
Aus Salz, Pfeffer, Essig und Öl ein Dressing herstellen und über den Sellerie geben.

NÄHRWERTE PRO PORTION: Kalorien: 127 kcal Kohlenhydrate: 4 g Eiweiß: 1 g Fett: 10 g

Sommerlicher Kartoffelsalat

Zubereitungszeit: 20 Minuten

ZUTATEN FÜR 2 PORTIONEN:

500 g Kartoffeln, festkochend
100 g Feldsalat
1 Paprika
1 Schalotte
1 Handvoll Cashewnüsse
2 EL Olivenöl
2 EL Weißweinessig
Salz und Pfeffer

ZUBEREITUNG:

Die Kartoffeln waschen und in einem Topf mit Salzwasser zum Kochen bringen. Für etwa 15-20 Minuten gar kochen. Anschließend das Wasser abgießen und die Kartoffeln halbieren oder vierteln.
In der Zwischenzeit den Feldsalat waschen. Die Paprika waschen, entkernen und in Streifen schneiden.
Die Schalotte abziehen und in Ringe schneiden. In einer Pfanne für etwa 2-3 Minuten braten.
Die Kartoffeln, den Feldsalat, die Paprika und die Schalotten auf Tellern anrichten, mit Öl und Essig beträufeln und mit Salz und Pfeffer würzen. Abschließend mit den Cashewnüssen garniert servieren.

NÄHRWERTE PRO PORTION:

Kalorien: 397 kcal Kohlenhydrate: 51 g Eiweiß: 8 g Fett: 16 g

Suppen

Möhrensuppe mit Hackfleischbällchen

ZUBEREITUNGSZEIT: 15 MINUTEN, KOCHZEIT: 5 MINUTEN

ZUTATEN FÜR 2 PORTIONEN:

100 g Karotten
50 g Lauch
50 g Sellerie
1 EL Butter
400 ml Rinderbrühe
50 g Kohlrabi
150 g Rinderhack
1 Zwiebel
1 Ei
1 EL Topfen
½ TL Majoran
Salz und Pfeffer

ZUBEREITUNG:

Zunächst die Karotten, den Sellerie und Kohlrabi schälen und in Stücke schneiden. Den Lauch schälen und in Ringe schneiden. Die Butter in einem Topf erhitzen und das Gemüse darin anrösten.
Anschließend die Zwiebel schälen, halbieren und fein hacken. Zusammen mit dem Rinderhack, Majoran, Ei, Topfen, Salz und Pfeffer in eine Schüssel geben und verkneten.
Aus der Hackmasse entweder mit einem Teelöffel oder mit feuchten Händen kleine Klößchen formen, in die Suppe geben und 5 Minuten in der Suppe kochen.

NÄHRWERTE PRO PORTION: Kalorien: 320 kcal Kohlenhydrate: 9 g Eiweiß: 19 g Fett: 21 g

Thailändische Hühnersuppe

ZUBEREITUNGSZEIT: 15 MINUTEN, KOCHZEIT: 30 MINUTEN

ZUTATEN FÜR 2 PORTIONEN:

500 ml Hühnerbrühe
300 g Hähnchenbrust
1 TL Zitronensaft
1 TL Limettensaft
7 g frischer Ingwer, klein gehackt
80 ml Kokosmilch
3 Frühlingszwiebeln
1 TL Chilipaste
1 TL Fischfond
5 g frischer Koriander

ZUBEREITUNG:

Zunächst die Brühe in einem Topf zum Kochen bringen.
Währenddessen die Hähnchenbrust in Stücke schneiden und in die kochende Brühe geben. Limetten- und Zitronensaft sowie den Ingwer hinzugeben und alles für 20 Minuten kochen lassen.
Die Frühlingszwiebeln in Ringe schneiden und zusammen mit der Kokosmilch in den Topf geben. Für weitere 10 Minuten garen.
Zum Schluss die Chilipaste und den Fischfond unterrühren.
In Teller füllen und mit dem gehackten Koriander garnieren.

NÄHRWERTE PRO PORTION: Kalorien: 334 kcal Kohlenhydrate: 9 g Eiweiß: 36 g Fett: 15 g

Bärlauchsuppe

ZUBEREITUNGSZEIT: 15 MINUTEN

ZUTATEN FÜR 2 PORTIONEN:

10 g Butter
150 g Bärlauch
75 ml Schlagsahne
250 ml klare Gemüsebrühe
½ Zwiebel
Salz und Pfeffer
1 Knoblauchzehe
1 Prise Muskat

ZUBEREITUNG:

Zunächst den Bärlauch gut waschen.
Anschließend mit heißem Wasser übergießen und mit kaltem Wasser abschrecken. Ausdrücken und klein schneiden.
Nun die Zwiebel und den Knoblauch schälen und fein hacken.
Butter in einen großen Topf geben und Knoblauch und Zwiebeln darin glasig dünsten.
Den Bärlauch hinzugeben und mit Gemüsebrühe auffüllen.
Die Suppe aufkochen lassen und die Schlagsahne eingießen.
Zum Schluss alles pürieren und mit Salz, Pfeffer und Muskat abschmecken.

NÄHRWERTE PRO PORTION: Kalorien: 194 kcal Kohlenhydrate: 6 g Eiweiß: 2 g Fett: 17 g

Gurken-Joghurt-Suppe

ZUBEREITUNGSZEIT: 10 MINUTEN, RUHEZEIT: 40 MINUTEN

ZUTATEN FÜR 2 PORTIONEN:

2 Gurken
½ Zitrone
200 g Joghurt
½ Bund Petersilie
½ Bund Dill
200 ml Gemüsebrühe
Salz und Pfeffer

ZUBEREITUNG:

Zunächst die Gurken waschen, halbieren und die Kerne mit einem Löffel entfernen.
Anschließend die Gurken in Stücke schneiden.
Nun Petersilie und Dill gut putzen und fein hacken.
Die Kräuter zusammen mit den Gurkenstücken, der Brühe und dem Joghurt in eine Schüssel geben und alles fein pürieren. Zuvor ein paar Kräuter und Gurkenstücke Beiseite stellen. Diese werden als Garnitur benötigt.
Die Suppe mit Salz und Pfeffer abschmecken, die restlichen Gurkenstücke hinzugeben und für 40 Minuten in den Kühlschrank stellen.
Vor dem Servieren die Suppe in Tellern anrichten und mit den Kräutern garnieren.

NÄHRWERTE PRO PORTION: Kalorien: 133 kcal Kohlenhydrate: 14 g Eiweiß: 8 g Fett: 4 g

Zucchini-Käse-Suppe

Zubereitungszeit: 15 Minuten, Kochzeit: 10 Minuten

ZUTATEN FÜR 2 PORTIONEN:

1 Zucchini
125 g Creme fraiche
25 g Emmentaler, gerieben
1 Schuss Weißwein
Salz und Pfeffer
½ Würfel Gemüsebrühe
250 ml Wasser
1 Prise Muskat

ZUBEREITUNG:

Zunächst die Zucchini schälen und in Würfel schneiden.
Wasser in einem Topf zum Kochen bringen und die Zucchini darin garen.
Anschließend die Zucchini mit dem Wasser zusammen pürieren und Creme fraiche, Emmentaler und Weißwein hinzufügen. Mit Salz, Pfeffer, Muskat und Brühwürfel würzen und für 10 Minuten auf mittlerer Stufe kochen lassen.

NÄHRWERTE PRO PORTION: Kalorien: 246 kcal Kohlenhydrate: 3 g Eiweiß: 6 g Fett: 23 g

Hauptspeisen

Hähnchenbrust in Champignonsauce

Zubereitungszeit: 25 Minuten

ZUTATEN FÜR 2 PORTIONEN:

250 g Hähnchenbrust
1 TL Butter
50 g Champignons
200 ml Creme fraiche
½ Knoblauchzehe
Salz und Pfeffer

ZUBEREITUNG:

Die Champignons putzen und in Scheiben schneiden. Die Knoblauchzehe schälen und fein hacken.
Butter in einer Pfanne erhitzen und die Hähnchenbrust zusammen mit dem Knoblauch darin anbraten. Mit Salz und Pfeffer würzen. Anschließend die Hähnchenbrust aus der Pfanne nehmen und Beiseite stellen.
Nun die Champignons in die Pfanne geben und ebenfalls braun anbraten. Die Creme fraiche unterrühren.
Die Hähnchenbrust nochmals zu den Pilzen in die Pfanne geben und erneut erwärmen. Alles auf Tellern anrichten und servieren.

NÄHRWERTE PRO PORTION:

Kalorien: 467 kcal **Kohlenhydrate:** 4 g **Eiweiß:** 32 g **Fett:** 35 g

Gebackenes Hähnchenfilet

ZUBEREITUNGSZEIT: 15 MINUTEN, BACKZEIT: 20 MINUTEN

ZUTATEN FÜR 2 PORTIONEN:

340 g Hähnchenbrust
260 g Zucchini
2 Tomaten
4 Artischockenherzen
125 ml Hühnerbrühe
2 TL Öl
1 Prise Salz und Pfeffer

ZUBEREITUNG:

Die Zucchini waschen, längs halbieren und mit Salz bestreuen.
Anschließend die Artischockenherzen vierteln und die Tomaten würfeln.
Danach die Zucchinistreifen auf eine mit Öl bestrichene Alufolie legen, die gewaschene und trocken getupfte Hähnchenbrust darauflegen und mit Salz und Pfeffer würzen.
Die Tomaten und die Artischockenherzen mit in der Alufolie verteilen und nach Belieben nochmals würzen.
Nun noch die Hühnerbrühe in die Alufolienpäckchen geben und verschließen.
Die Päckchen ca. 20 Minuten im vorgeheizten Backofen bei 220° C backen.

NÄHRWERTE PRO PORTION: Kalorien: 268 kcal Kohlenhydrate: 5 g Eiweiß: 43 g Fett: 9 g

Hähnchen-Spinat-Curry

Zubereitungszeit: 20 Minuten, Kochzeit: 10 Minuten

ZUTATEN FÜR 2 PORTIONEN:

250 g Hähnchenbrustfilet
130 g Blattspinat
2 Tomaten
½ Zwiebel
½ Knoblauchzehe
210 ml Kokosmilch, fettreduziert
1 EL Öl
1 EL Currypulver
Salz und Pfeffer

ZUBEREITUNG:

Zunächst das Hähnchenbrustfilet waschen, mit einem Tuch trockentupfen und in mundgerechte Stücke schneiden. Die Tomaten waschen und würfeln. Die Zwiebel schälen, halbieren und in kleine Würfel schneiden. Den Knoblauch schälen und fein hacken.
Öl in einer Pfanne erhitzen und das Fleisch darin anbraten. Die Tomaten, Zwiebeln und Knoblauch hinzufügen und mitbraten.
Nun das Currypulver in die Pfanne geben und für 4 Minuten braten.
Mit der Kokosmilch ablöschen und 10 Minuten köcheln lassen.
Währenddessen den Spinat waschen und kleinzupfen. Ebenfalls in die Pfanne geben und alles mit Salz und Pfeffer abschmecken.
Das Curry auf Tellern anrichten und servieren.

NÄHRWERTE PRO PORTION: Kalorien: 517 kcal Kohlenhydrate: 14 g Eiweiß: 33 g Fett: 35 g

Türkische Pizza

Zubereitungszeit: 20 Minuten, Backzeit: 20 Minuten

ZUTATEN FÜR 2 PORTIONEN:

320 g Skyr
90 g Weizenmehl
4 Eier
Salz und Pfeffer
150 g Rindertatar
5-7 Cherrytomaten, in Würfeln
1 Knoblauchzehe, gehackt
1-2 EL Tomatenmark
½ Paprika rot und grün, in Würfeln
1 TL Kreuzkümmel
1 TL Paprikapulver
1-2 EL Petersilie
6 Blätter Eisbergsalat
Hähnchengyros aus 1-2 Hähnchenbrustfilets, gebraten
2 TL Backpulver
½ Zwiebel, gehackt

ZUBEREITUNG:

Den Backofen auf 180° C vorheizen und zwei Backbleche mit Backpapier auslegen.
Skyr, Eier, Mehl, Backpulver, Salz und Pfeffer in eine Schüssel geben und gut vermengen. Den Teig halbieren und jeweils auf die beiden Bleche verteilen. Für 10 Minuten im Ofen vorbacken.
Währenddessen Tatar mit Knoblauch, Zwiebel, Tomatenmark, Tomatenwürfeln, Petersilie, Paprika und Kreuzkümmel vermischen und mit Salz und Pfeffer abschmecken.
Diese Masse auf dem Teig verteilen und bei 200° C für 10 Minuten backen.
Die Pizza mit Hähnchengyros und Eisbergsalat belegen und aufgerollt servieren.

NÄHRWERTE PRO PORTION: Kalorien: 686 kcal Kohlenhydrate: 51 g Eiweiß: 76 g Fett: 19 g

ZUTATEN FÜR 2 PORTIONEN:

2 Schweinekarees
3 g Salbei
2 Scheiben Speck
1 EL Olivenöl
Salz und Pfeffer
Zahnstocher

ZUBEREITUNG:

Zuerst das Fleisch in einen Gefrierbeutel legen und flachklopfen. Mit Salz und Pfeffer würzen.
Salbei und Speck auf das Fleisch legen und zusammenrollen. Mit Zahnstochern fixieren.
Nun das Öl in einer Pfanne erhitzen und die Rouladen darin scharf anbraten.
Anschließend bei mittlerer Hitze für weitere 20 Minuten braten.

NÄHRWERTE PRO PORTION: Kalorien: 276 kcal Kohlenhydrate: 0 g Eiweiß: 32 g Fett: 14 g

Puteninvoltini

ZUBEREITUNGSZEIT: 30 MINUTEN

ZUTATEN FÜR 2 PORTIONEN:

400 g Putenschnitzel
100 g Handkäse
250 g Skyr
8 Scheiben Rohschinken
100 ml Magermilch, 0,3 %
Paprikapulver
Salz und Pfeffer
1 EL Öl

ZUBEREITUNG:

Zunächst die Schnitzel waschen, mit einem Tuch trocken tupfen und der Länge nach halbieren, so dass zwei dünne Schnitzel entstehen. Mit allen Schnitzeln so verfahren.
Die Schnitzel mit etwas Skyr einstreichen und mit dem Schinken belegen. Anschließend einrollen. Die Röllchen mit Salz, Pfeffer und Paprikapulver würzen.
Öl in einer Pfanne erhitzen und die Schnitzel darin von allen Seiten scharf anbraten. Anschließend die Wärmezufuhr auf mittlere Hitze verringern.
Den Käse klein schneiden und zusammen mit der Magermilch in die Pfanne geben. Die Pfanne mit einem Deckel zudecken und für 5 Minuten köcheln lassen.
Zum Schluss den restlichen Skyr in die Sauce einrühren und diese mit Pfeffer und Paprikapulver abschmecken.

NÄHRWERTE PRO PORTION: Kalorien: 419 kcal Kohlenhydrate: 8 g Eiweiß: 77 g Fett: 11 g

Zucchini-Bolognese

Zubereitungszeit: 15 Minuten, Entwässerung: 30 Minuten

ZUTATEN FÜR 2 PORTIONEN:

4 Zucchini
500 g Rinderhack
3 Knoblauchzehen
2 EL Zwiebeln, fein gehackt
2 EL Olivenöl
2 Dosen Tomaten, gewürfelt
1 TL Basilikum, getrocknet
1 TL Oregano, getrocknet
½ TL rote Paprikaflocken, gemahlen
1 Prise Meersalz
½ TL schwarzer Pfeffer, gemahlen

ZUBEREITUNG:

Zunächst die Zucchini waschen und mit einem Spiral- oder Sparschäler zu Nudeln verarbeiten.
Anschließend die Zucchini-Nudeln in ein Sieb geben und mit 1 EL Salz bestreuen. Für ca. 30 Minuten entwässern lassen.
Währenddessen 2 EL Olivenöl in einer Pfanne erhitzen. Die Knoblauchzehen schälen und fein hacken.
Zwiebeln und Knoblauch in der Pfanne glasig andünsten. Das Hackfleisch hinzugeben und krümelig anbraten. Mit Salz, Pfeffer und Paprika würzen.
Anschließend die Tomaten, das Basilikum und Oregano hinzugeben und erwärmen.
Am Ende die Zucchininudeln in die Pfanne geben und bei mittlerer Wärmezufuhr so lange köcheln lassen, bis diese bissfest gegart sind.
Auf Tellern anrichten und servieren.

NÄHRWERTE PRO PORTION: Kalorien: 874 kcal Kohlenhydrate: 19 g Eiweiß: 54 g Fett: 63 g

Rindfleischpfanne

ZUTATEN FÜR 2 PORTIONEN:

400 g Rinderfilet
1 Zwiebel
1 Knoblauchzehe
1 Paprika, gelb
1 EL Sojasauce
2 EL Sherry
1 EL Olivenöl
Salz und Pfeffer

ZUBEREITUNG:

Zuerst die Zwiebel schälen, halbieren und in Ringe schneiden. Den Knoblauch schälen und fein hacken. Die Paprika waschen, entkernen und klein schneiden. Das Fleisch waschen und in Streifen schneiden.
Das Olivenöl entweder in einer Pfanne oder einem Wok erhitzen und Zwiebelringe sowie Knoblauch darin andünsten. Das Fleisch hinzufügen und scharf anbraten.
Anschließend die Paprika hinzugeben und alles zusammen braten.
Zum Schluss mit Sojasauce, Sherry, Salz und Pfeffer abschmecken und nochmals kurz köcheln lassen.
Auf Tellern anrichten und servieren.

NÄHRWERTE PRO PORTION: Kalorien: 368 kcal Kohlenhydrate: 8 g Eiweiß: 44 g Fett: 15 g

Lachsfilet auf grünem Spargel

Zubereitungszeit: 10 Minuten, Garzeit: 15 Minuten

ZUTATEN FÜR 2 PORTIONEN:

2 Lachsfilets
½ Zitrone
1 Prise Xylit
250 g Spargel, grün
Etwas Kresse
Salz und Pfeffer

ZUBEREITUNG:

Zunächst den Spargel schälen und mit Salz und einer Prise Xylit abschmecken. Den Fisch waschen und mit Salz und Pfeffer würzen.
Beides in einen Dampfgarer legen, den Spargel dabei in den unteren und den Fisch in den oberen Teil.
Bei 100°C garen. Den Spargel nach 12 Minuten entnehmen, den Lachs nach 15 Minuten.
Währenddessen die Kresse zupfen.
Den Lachs und den Spargel auf Tellern anrichten, mit der Kresse bestreuen und servieren.

NÄHRWERTE PRO PORTION:

Kalorien: 351 kcal Kohlenhydrate: 4 g Eiweiß: 37 g Fett: 19 g

Gebackenes Lachsfilet auf Karotten-Spaghetti

Zubereitungszeit: 20 Minuten

ZUTATEN FÜR 2 PORTIONEN:

200 g Lachsfilet
3 Karotten
1 TL frischer Zitronensaft
2 TL Olivenöl
2 TL Balsamico Essig
1 Knoblauchzehe
1 Prise Salz

ZUBEREITUNG:

Zunächst den Knoblauch schälen und fein hacken. Zusammen mit Zitronensaft, Olivenöl, Salz und Balsamico in eine Schüssel geben und vermischen. Den Lachs in die Marinade legen und diese gut einziehen lassen.
Ein Backblech mit Backpapier auslegen und den Lachs auflegen. Mit der Marinade übergießen und den Fisch für 7 Minuten bei 180° C backen. Während des Backens 1-2 mal wenden.
Währenddessen die Karotten mit dem Spiral- oder Sparschäler in Nudeln schneiden und in Salzwasser ca. 6-7 Minuten garen.
Den Lachs auf einem Teller anrichten, mit Balsamico beträufeln und die Spaghetti hinzufügen.

NÄHRWERTE PRO PORTION: Kalorien: 332 kcal Kohlenhydrate: 15 g Eiweiß: 25 g Fett: 18 g

Lachs auf Hüttenkäse

Zubereitungszeit: 5 Minuten

ZUTATEN FÜR 2 PORTIONEN:

200 g Räucherlachs
400 g Hüttenkäse
300 g Gurke
2 TL Meerrettich
1 TL Dill

ZUBEREITUNG:

Zunächst den Hüttenkäse in eine Schüssel geben und mit dem Meerrettich gut vermengen.
Den Lachs in kleine Stücke schneiden. Die Gurke waschen, die Enden abschneiden und ebenfalls klein schneiden. Beides unter den Hüttenkäse mischen.
Die Lachs-Hüttenkäse-Masse auf zwei Teller verteilen und mit Dill garnieren.

NÄHRWERTE PRO PORTION: Kalorien: 389 kcal Kohlenhydrate: 8 g Eiweiß: 46 g Fett: 19 g

Gebratener Kabeljau

Zubereitungszeit: 15 Minuten

ZUTATEN FÜR 2 PORTIONEN:

250 g Kabeljaufilet
200 g Cherry-Tomaten
1 TL Olivenöl
¼ Zitrone
Etwas Basilikum
Salz und Pfeffer

ZUBEREITUNG:

Zuerst die Tomaten, den Basilikum und den Fisch waschen. Die Tomaten halbieren und das Basilikum fein hacken. Die Zitrone auspressen und den Saft dabei auffangen.
Öl in einer Pfanne erhitzen und den Fisch darin anbraten. Mit Salz und Pfeffer würzen.
Tomaten und Basilikum mit in die Pfanne geben und mitbraten.
Alles auf einem Teller anrichten, mit dem Zitronensaft beträufeln und servieren.

NÄHRWERTE PRO PORTION: Kalorien: 155 kcal Kohlenhydrate: 4 g Eiweiß: 26 g Fett: 4 g

Thunfisch-Soufflé

Zubereitungszeit: 30 Minuten

ZUTATEN FÜR 2 PORTIONEN:

1 Dose Thunfisch im eigenen Saft
1 Zwiebel
2 Eier
2 EL Hüttenkäse
3 EL geriebener Käse
Etwas Thymian

ZUBEREITUNG:

Den Thunfisch abgießen und in einer Schüssel mit einer Gabel zerkleinern. Hüttenkäse und geriebenen Käse zugeben und vermengen.
Die Zwiebel abziehen, halbieren und in kleine Würfel schneiden. Zum Thunfisch geben und untermischen.
Nun die Eier trennen und das Eigelb mit Salz und Pfeffer unter den Tunfisch mischen, mit Thymian verfeinern.
Das Eiweiß in ein hohes Rührgefäß geben, steifschlagen und ebenfalls unter die Masse heben.
Die Thunfischmasse in Mikrowellengeeignete Förmchen füllen und mit einer Tasse Wasser für 10 Minuten bei mittlerer Wärme in die Mikrowelle geben.

NÄHRWERTE PRO PORTION: Kalorien: 148 kcal Kohlenhydrate: 4 g Eiweiß: 12 g Fett: 9 g

Spinat-Shrimp-Muffins

ZUBEREITUNGSZEIT: 10 MINUTEN, BACKZEIT: 30 MINUTEN

ZUTATEN FÜR 2 PORTIONEN:

2 Eier
45 g Rahmspinat
40 g geriebener Käse
25 g Shrimps
5 g Parmesan
Salz und Pfeffer

ZUBEREITUNG:

Den Backofen auf 200°C vorheizen.
Anschließend den bereits aufgetauten Spinat in eine Schüssel geben und zusammen mit den Eiern, dem Käse und den Gewürzen vermengen.
Die Masse in kleine Backofenförmchen füllen, Shrimps darauf verteilen und mit Parmesan bestreuen.
Die Muffins für ca. 30 Minuten in den Backofen geben und backen.

NÄHRWERTE PRO PORTION: Kalorien: 157 kcal Kohlenhydrate: 2 g Eiweiß: 14 g Fett: 10 g

Brokkoli-Eintopf mit Sprossen

Zubereitungszeit: 10 Minuten, Garzeit: 10 Minuten

ZUTATEN FÜR 2 PORTIONEN:

500 g Brokkoli
100 g Brokkolisprossen
1/8 l Gemüsebrühe
3 EL Kochsahne, fettarm, 7%
1 EL Bio-Kokosöl
3 EL frische Kräuter
1 TL Muskat

ZUBEREITUNG:

Den Brokkoli waschen und in Röschen teilen. Den Stiel in Scheiben schneiden.
Öl in einer Pfanne erhitzen und die Brokkoli-Scheiben darin andünsten. Die Brokkoli-Röschen hinzugeben und kurz mit garen. Anschließend mit Gemüsebrühe ablöschen und für 10 Minuten garen.
Nun die Sahne hinzugeben und alles mit Salz, Kräutern und Muskat würzen.
Den Brokkoli-Eintopf auf einem Teller anrichten und mit den Sprossen garnieren.

NÄHRWERTE PRO PORTION: Kalorien: 126 kcal Kohlenhydrate: 11 g Eiweiß: 10 g Fett: 3 g

Blumenkohlpüree

Zubereitungszeit: 10 Minuten

ZUTATEN FÜR 2 PORTIONEN:

½ Blumenkohl
½ TL Butter
Salz, nach Bedarf

ZUBEREITUNG:

Zunächst den Blumenkohl zu Röschen teilen und in einem Topf kochen, bis er bissfest ist.
Anschließend mit einem Pürierstab pürieren. Butter und Salz hinzugeben und vermischen.
Das Püree schmeckt gut als Beilage zu Fleisch und Fisch.

NÄHRWERTE PRO PORTION:

Kalorien: 40 kcal Kohlenhydrate: 3 g Eiweiß: 3 g Fett: 1 g

Blumenkohl-Pfanne

Zubereitungszeit: 20 Minuten

ZUTATEN FÜR 2 PORTIONEN:

1 kleiner Blumenkohl
1 große Zwiebel
1 Bund Petersilie
125 ml Gemüsebrühe
2 EL Kokosöl
100 ml Kokosmilch, fettreduziert
Etwas Kurkuma
Etwas Ingwerpulver
Etwas Kreuzkümmel

ZUBEREITUNG:

Den Blumenkohl zuerst in kleine Röschen teilen. Die Zwiebel schälen, halbieren und kleinhacken.
Anschließend das Kokosöl in einem Topf erhitzen und die Zwiebel darin glasig dünsten.
Danach den Blumenkohl zugeben und kurz mitdünsten. Mit der Gemüsebrühe ablöschen, zum Kochen bringen und den Blumenkohl zugedeckt bei mittlerer Wärmezufuhr 5 Minuten köcheln lassen.
Nun Kurkuma, Ingwer, Kreuzkümmel, Salz und Pfeffer sowie die Kokosmilch zugeben und die Flüssigkeit unter Rühren eindicken lassen.
Die Petersilie fein hacken und vor dem Servieren über den Blumenkohl geben.

NÄHRWERTE PRO PORTION: Kalorien: 214 kcal Kohlenhydrate: 15 g Eiweiß: 7 g Fett: 12 g

Avocado-Eier

ZUBEREITUNGSZEIT: 15 MINUTEN

ZUTATEN FÜR 2 PORTIONEN:

4 Eier
1 Avocado
40 g Frühlingszwiebeln
2 EL Limettensaft
2 EL Senf
Chiliflocken
Etwas Schnittlauch
Salz und Pfeffer

ZUBEREITUNG:

Zunächst die Eier hart kochen und mit kaltem Wasser abschrecken.
Anschließend die Avocado halbieren, entkernen und das Fruchtfleisch mit einem Löffel herauslösen.
Das Fruchtfleisch zusammen mit Senf und Limettensaft in eine Schüssel geben und zermatschen.
Die Eier pellen und halbieren. Das Eigelb mit einem Löffel entfernen und dieses mit der Avocado vermischen.
Nun Schnittlauch und Frühlingszwiebeln fein hacken und zur Avocado-Masse geben. Mit Salz, Pfeffer und Chiliflocken abschmecken.
Die Mischung in einen Spritzbeutel füllen und in die ausgehöhlten Eier spritzen.

NÄHRWERTE PRO PORTION: Kalorien: 378 kcal Kohlenhydrate: 15 g Eiweiß: 14 g Fett: 28 g

Zartweizen mit Dip

Zubereitungszeit: 15 Minuten

ZUTATEN FÜR 2 PORTIONEN:

125 g Zartweizen
150 g Schalotten
1 Knoblauchzehe
250 g Mais
½ grüne Peperoni
½ Kästchen Kresse
200 g Skyr
50 ml Dickmilch (fettarm), 1,5 %
1 Spritzer Zitronensaft
1 Prise Paprikapulver, geräuchert
1 EL Rapsöl
Salz und Pfeffer

ZUBEREITUNG:

Zunächst den Zartweizen nach Packungsanweisung kochen, abgießen und abtropfen.
Währenddessen die Schalotten schälen, halbieren und klein schneiden. Den Knoblauch schälen und hacken. Die Peperoni waschen, die Kerne entfernen und fein hacken.
Das Öl in eine Pfanne geben und erhitzen. Schalotten und Knoblauch darin glasig dünsten. Mais und Zartweizen hinzugeben und 5 Minuten köcheln lassen. Dabei gelegentlich umrühren. Mit Paprika, Salz und Pfeffer abschmecken.
Nun Skyr mit Dickmilch, Zitronensaft und der Hälfte der Kresse vermengen und mit Salz und Pfeffer würzen.
Die Zartweizen-Pfanne zusammen mit dem Dip auf einem Teller anrichten und mit der restlichen Kresse bestreuen.

NÄHRWERTE PRO PORTION: Kalorien: 500 kcal Kohlenhydrate: 65 g Eiweiß: 18 g Fett: 10 g

Nudeln mit Gemüse aus der Pfanne

ZUBEREITUNGSZEIT: 20 MINUTEN

ZUTATEN FÜR 2 PORTIONEN:

125 g Vollkornnudeln
150 g Möhren
150 g Zucchini
½ Zwiebel
½ Knoblauchzehe
3 EL Skyr
½ TL Gemüsebrühe
1 EL Olivenöl
100 ml Wasser
Salz und Pfeffer

ZUBEREITUNG:

Zunächst die Nudeln nach Packungsanweisung zubereiten.
Die Möhren schälen und in Scheiben schneiden. Die Zucchini waschen, die Enden entfernen und würfeln. Die Zwiebel schälen und in Würfel schneiden. Den Knoblauch schälen und fein hacken.
Das Öl in einer Pfanne erhitzen und die Zwiebel mit dem Knoblauch darin glasig dünsten. Möhren und Zucchini hinzugeben und anbraten. Mit dem Wasser ablöschen, die Brühe einrühren und mit Salz und Pfeffer abschmecken.
Für 5 Minuten bei mittlerer Wärmezufuhr köcheln lassen. Anschließend den Skyr einrühren. Die Gemüsesauce zusammen mit den Nudeln auf Tellern anrichten und servieren.

NÄHRWERTE PRO PORTION: Kalorien: 206 kcal Kohlenhydrate: 24 g Eiweiß: 12 g Fett: 7 g

Zoodles Bolognese

ZUBEREITUNGSZEIT: 30 MINUTEN

ZUTATEN FÜR 2 PORTIONEN:

4 Zucchini
500 g Rinderhack
2 Zwiebel
2 Knoblauchzehen
40 g Tomatenmark
250 g passierte Tomaten
2 EL Olivenöl
Etwas Basilikum, Thymian und Oregano
Salz und Pfeffer

ZUBEREITUNG:

Zunächst die Zucchini waschen, die Enden entfernen und mit einem Spiralschneider zu Spaghetti verarbeiten.
Den Knoblauch und die Zwiebeln schälen, würfeln und zusammen mit dem Olivenöl glasig anbraten.
Anschließend das Rinderhack hinzugeben und braten, bis es gar ist.
Nun einen großen Topf mit Wasser befüllen und zusammen mit etwas Salz zum Kochen bringen.
Das Rinderhack mit dem Tomatenmark und den passierten Tomaten ablöschen und die Hitze verringern.
Die Sauce mit Salz und Pfeffer sowie den Gewürzen abschmecken und etwas ziehen lassen.
Die Nudeln in das Wasser geben und für etwa eine Minute kochen lassen.
Abschließend die Hackfleischsauce über die Nudeln geben und genießen.

NÄHRWERTE PRO PORTION: Kalorien: 844 kcal Kohlenhydrate: 29 g Eiweiß: 61 g Fett: 51 g

Skyr-Auflauf

ZUBEREITUNGSZEIT: 15 MINUTEN, BACKZEIT: 45-60 MINUTEN

ZUTATEN FÜR 2 PORTIONEN:

350 g Skyr
500 g Magerquark
150 g Himbeeren, tiefgekühlt
30 g Weichweizengrieß
5 Eier
20 g Speisestärke
1 Päckchen Vanillezucker
Süßstoff

ZUBEREITUNG:

Zunächst den Backofen auf 175° C vorheizen und eine Auflaufform mit einfetten oder mit Backpapier auslegen.
Die Eier in eine Schüssel schlagen und mit Vanillezucker verquirlen.
Speisestärke und Weichweizengrieß hinzugeben und alles gut vermischen.
Anschließend noch Skyr und Magerquark unterrühren.
Den Teig in die vorbereitete Auflaufform füllen und mit den Himbeeren belegen.
Nun den Auflauf in den Ofen stellen und für 45-60 Minuten backen. 15 Minuten vor Ende der Backzeit einen Kochlöffel zwischen die Tür stecken, damit diese einen Spalt breit geöffnet ist und so die Feuchtigkeit entweichen kann.

NÄHRWERTE PRO PORTION: Kalorien: 1205 kcal Kohlenhydrate: 94 g Eiweiß: 129 g Fett: 31 g

Gurken-Curry

ZUBEREITUNGSZEIT: 10 MINUTEN, KOCHZEIT: 10-15 MINUTEN

ZUTATEN FÜR 2 PORTIONEN:

500 g Gurken
2 Zwiebeln
1 Knoblauchzehe
1 TL Senfkörner
250 ml Kokosmilch, dünn
250 ml Kokosmilch, dick
1 TL Curry, mild
1 Msp. Kurkuma, gemahlen
Kokosflocken
Meersalz

ZUBEREITUNG:

Zuerst die Gurken waschen, die Schale entfernen und in dünne Scheiben schneiden. Den Knoblauch und die Zwiebeln schälen. Den Knoblauch hacken und die Zwiebeln in Ringe schneiden.
Nun die Gurken mit Knoblauch, Zwiebeln, Senfsaaten, Kurkuma, Curry, Salz und dünner Kokosmilch in einen Topf füllen und bei hoher Wärmezufuhr zum Kochen bringen. Anschließend für 10-15 Minuten bei niedriger Wärmezufuhr köcheln lassen.
Dann die dicke Kokosmilch hinzugeben, nochmals aufkochen lassen und mit etwas Curry abschmecken.
Das Curry auf zwei Teller verteilen, mit Meersalz und Kokosflocken garnieren und servieren.

NÄHRWERTE PRO PORTION: Kalorien: 716 kcal Kohlenhydrate: 25 g Eiweiß: 9 g Fett: 61 g

ZUTATEN FÜR 2 PORTIONEN:

60 g Frischkäse, fettarm
2 Eier
1 Prise Zimt
1 TL zuckerfreier Fruchtsirup
1 TL Butter
150 g Früchte nach Wahl

ZUBEREITUNG:

Zuerst den Frischkäse in eine Rührschüssel geben.
Die Eier hinzugeben und beides gut miteinander vermengen.
Anschließend den Sirup hinzugeben und diesen untermischen.
Mit dem Zimt würzen.
Nun ein Stück Butter in eine Pfanne geben und schmelzen lassen.
So viel Teig in die Pfanne geben, dass der Boden bedeckt ist.
Den Crêpe von beiden Seiten ca. 1-2 Minuten fertig braten.
Die Früchte waschen und gegebenenfalls in Stücke schneiden.
Den Crêpe zusammen mit den Früchten auf Tellern anrichten und genießen.

NÄHRWERTE PRO PORTION: Kalorien: 208 kcal Kohlenhydrate: 9 g Eiweiß: 7 g Fett: 15 g

Paprikagemüse

ZUBEREITUNGSZEIT: 15 MINUTEN, KOCHZEIT: 15 MINUTEN

ZUTATEN FÜR 2 PORTIONEN:

2 Paprika, rot und gelb
1 Schalotte
1 Knoblauchzehe
125 ml Gemüsebrühe
1 EL Olivenöl
1 TL Oregano
1 TL Kräuter der Provence
1 EL Petersilie
Salz und Pfeffer

ZUBEREITUNG:

Zunächst die Paprika waschen, entkernen und in Streifen schneiden. Die Schalotte schälen, halbieren und hacken. Den Knoblauch schälen und ebenfalls hacken.
Öl in einer Pfanne erhitzen und die Schalotten zusammen mit dem Knoblauch darin glasig andünsten. Die Paprika hinzugeben und anbraten. Mit der Gemüsebrühe ablöschen und für 15 Minuten bei geschlossenem Deckel köcheln lassen.
Mit Oregano, Kräutern der Provence, Petersilie, Salz und Pfeffer abschmecken, bevor das Paprikagemüse auf Tellern angerichtet serviert wird.

NÄHRWERTE PRO PORTION: Kalorien: 144 kcal Kohlenhydrate: 13 g Eiweiß: 4 g Fett: 8 g

Pikantes Paprikacurry

ZUBEREITUNGSZEIT: 15 MINUTEN, KOCHZEIT: 15 MINUTEN

ZUTATEN FÜR 2 PORTIONEN:

400 g Paprika
1 Fleischtomate
1 Zwiebel
1 Stück Ingwer (ca. 3 cm)
½ rote Chilischote
3 EL Kokosöl
1 TL Currypulver
Salz und Pfeffer

ZUBEREITUNG:

Zuerst die Paprika in grobe Stücke schneiden. Die Haut der Tomate ablösen und das Fruchtfleisch in feine Scheiben schneiden. Die Zwiebel schälen, halbieren und ebenfalls in dünne Steifen schneiden. Die Chilischote hacken.
Nun das Öl in einer Pfanne erhitzen. Ingwer, Chili und Zwiebeln darin bei mittlerer Wärmezufuhr 2 Minuten schmoren. Dann das Currypulver kurz darin rösten.
Unter Rühren nochmals 2 Minuten schmoren. Die Paprika unterheben, salzen und pfeffern.
Einen Schuss Wasser hineingeben und die Paprika etwa 10 Minuten garen, dabei hin und wieder etwas schwenken.
Dann die Temperatur erhöhen und die Tomate dazugeben. Weitere 5 Minuten köcheln lassen, bis die Paprika leicht gebräunt sind.

NÄHRWERTE PRO PORTION: Kalorien: 127 kcal Kohlenhydrate: 17 g Eiweiß: 4 g Fett: 3 g

Süße Speisen und Desserts

Vanillepuddingkuchen

Zubereitungszeit: 15 Minuten, Backzeit: 60 Minuten

ZUTATEN FÜR 6 STÜCK:

250 g Quark
60 g Frischkäse
3 EL Süßstoff
3 Eier
3 Tropfen Vanilleextrakt
Etwas Zitronenaroma
½ Packung Vanillepudding
¼ Päckchen Backpulver
1 TL Öl

ZUBEREITUNG:

Zunächst die Eier trennen und das Eiweiß steif schlagen.
Anschließend die Eigelbe mit Quark, Frischkäse, Öl, Süßstoff, Vanille und Zitronensaft vermengen.
Nun Backpulver und Puddingpulver unter die Masse rühren und den Eischnee unterheben.
Eine Kuchenform einfetten oder mit Backpapier auslegen und den Teig einfüllen.
Für 60 Minuten bei 170°C backen.

NÄHRWERTE PRO PORTION: Kalorien: 134 kcal Kohlenhydrate: 6 g Eiweiß: 7 g Fett: 12 g

Manchego-Mousse

ZUBEREITUNGSZEIT: 20 MINUTEN, RUHEZEIT: 2-3 STUNDEN

ZUTATEN FÜR 4 PORTIONEN:

75 g Cremefine zum Schlagen
1 Ei
2 Blätter Gelatine
2 Stücke Manchego-Käse à 75 g
Etwas Gemüsebrühe
Salz und Pfeffer

ZUBEREITUNG:

Als erstes die Gelatine in Wasser einweichen. Ein Stück des Käses fein reiben und zusammen mit Cremefine in einen Topf füllen. Unter Rühren erhitzen, solange, bis der Käse geschmolzen ist.
Nun das zweite Stück Käse in Scheiben schneiden und dieses zunächst Beiseite stellen.
Im Anschluss das Ei trennen. Das Eigelb ebenfalls in den Topf geben und unterrühren. Die ausgedrückte Gelatine in der Sahne auflösen.
Sobald die Sahne zu gelieren beginnt, das Eiweiß zu Schnee schlagen und unter die Sahne-Mischung heben.
Abgeschmeckt wird die Mousse nun mit Salz, Pfeffer und Gemüsebrühe.
Eine Kastenform mit Frischhaltefolie auslegen und die Mousse hineingeben. Im Kühlschrank für 2-3 Stunden kaltstellen.
Vor dem Verzehr die Mousse aus der Form stürzen, auf Tellern verteilen und mit dem in Scheiben geschnittenen Käse verfeinern.

NÄHRWERTE PRO PORTION: Kalorien: 232 kcal Kohlenhydrate: 1 g Eiweiß: 13 g Fett: 20 g

Orangencreme mit Feigen

ZUBEREITUNGSZEIT: 25 MINUTEN

ZUTATEN FÜR 4 PORTIONEN:

200 g Joghurt, fettarm 1,5%
200 g Frischkäse, 0,2% Fett
300 g Orangen
80 g getrocknete Datteln
1 EL Honig
20 g Pistazienkerne
2 Gewürznelken
1 Zimtstange
1 Prise Zimt
½ TL Speisestärke
2 Feigen

ZUBEREITUNG:

Als erstes die Orangen abwaschen, mit einem Tuch trocknen und die Schale sehr fein abreiben. Anschließend die Orangen halbieren und auspressen. Nun 3 EL des Orangensaftes in ein Schälchen geben und mit Stärke vermischen. Den restlichen Orangensaft zusammen mit Nelken und Zimt in einen Topf geben, die Stärke einrühren und alles kurz aufkochen lassen. Vom Herd nehmen und durchziehen lassen.

Währenddessen die Datteln entsteinen und würfeln. In eine Schüssel geben und zur Seite stellen.

Aus dem Topf jetzt Zimtstange und Nelken herausnehmen und den Saft über die Datteln gießen. Den Saft dann abkühlen lassen.

In der Zwischenzeit Joghurt, Frischkäse, Zimtpulver, Honig und Orangenschalen in eine Schüssel geben und cremig rühren. Die Pistazienkerne hacken. Jetzt noch die Feigen waschen und achteln.

Die Creme in Dessertgläsern anrichten und mit der Sauce verfeinern. Mit Feigen garnieren und mit Pistazien bestreuen.

NÄHRWERTE PRO PORTION: Kalorien: 215 kcal Kohlenhydrate: 34 g Eiweiß: 10 g Fett: 4 g

Fruchteis am Stiel

Zubereitungszeit: 5 Minuten, Ruhezeit: 4 Stunden

ZUTATEN FÜR 6 PORTIONEN:

150 g Skyr
50 g Erdbeeren oder Obst nach Wahl
100 ml Milch

ZUBEREITUNG:

Die Erdbeeren waschen und das Grün entfernen. Halbieren und in Würfel schneiden.
Nun den Skyr in eine Schüssel füllen, die Milch hinzugeben und cremig rühren.
Anschließend die Erdbeeren in die Schüssel geben und untermengen.
Zum Schluss die Erdbeer-Joghurt Masse in Eisförmchen geben und für ca. 4 Stunden in das Gefrierfach stellen.

NÄHRWERTE PRO PORTION:

Kalorien: 30 kcal Kohlenhydrate: 2 g Eiweiß: 3 g Fett: 1 g

ZUTATEN FÜR 6 PORTIONEN:

125 g Skyr Himbeergeschmack
2 Aprikosen
2 Eier
25 g Eiweißpulver, Bananengeschmack
2 EL Xylit
15 g Dinkelkleie
15 g Kokosmehl
1 TL Flohsamenschalen
2 EL Weinsteinbackpulver

ZUBEREITUNG:

Zuerst das Eiweißpulver in eine Schüssel füllen und Kleie, Kokosmehl, Flohsamenschalen und Backpulver hinzufügen. Alles gut miteinander vermischen.
Anschließend die Aprikosen schälen, entkernen und klein schneiden.
Den Skyr in die Schüssel geben und die Mango ebenfalls hinzufügen. Mit den trockenen Zutaten gut vermischen. Nun Eier und Xylit ebenfalls hineingeben und gut verkneten.
Zum Schluss den Teig in die Muffinförmchen füllen und für 30 Minuten bei 180° C backen.

NÄHRWERTE PRO PORTION:

Kalorien: 87 kcal Kohlenhydrate: 5 g Eiweiß: 7 g Fett: 3 g

Bananen-Muffins

ZUBEREITUNGSZEIT: 5 MINUTEN, BACKZEIT: 20 MINUTEN

ZUTATEN FÜR 6 PORTIONEN:

250 g Skyr
50 g Erythrit
1 Ei
1 EL Grieß
½ Banane
½ Päckchen Vanillepuddingpulver

ZUBEREITUNG:

Die Banane schälen und in Scheiben schneiden. Alle Zutaten nun in eine Schüssel geben und vermengen.
Den Teig in Muffinförmchen füllen und für 20 Minuten bei 200° C backen.

NÄHRWERTE PRO PORTION: Kalorien: 63 kcal Kohlenhydrate: 7 g Eiweiß: 6 g Fett: 1 g

Fruchtige Waffeln mit Mangospiegel

ZUBEREITUNGSZEIT: 20 MINUTEN

ZUTATEN FÜR 6 PORTIONEN:

150 g Erdbeeren
½ Mango
30 ml Sojamilch
3 EL Mandelmehl
2 EL Sojajoghurt
½ TL Backpulver
1 Prise Zimt
1 Prise Salz

ZUBEREITUNG:

Zuerst die Mango schälen und in Stücke schneiden.
Die Mango-Stücke zusammen mit dem Joghurt in einen Mixer geben und pürieren.
Anschließend die Erdbeeren waschen und halbieren.
Diese dann zusammen mit Milch, Mandelmehl, Backpulver, Zimt und Salz in eine Schüssel geben und mit einem Handrührgerät zu einem homogenen Teig verkneten.
Das Waffeleisen einfetten und den Teig nacheinander ausbacken.
Die fertigen Waffeln mit der Mango-Sauce anrichten und servieren.

NÄHRWERTE PRO PORTION: Kalorien: 168 kcal Kohlenhydrate: 18 g Eiweiß: 13 g Fett: 4 g

ZUTATEN FÜR 2 PORTIONEN:

4 Eier
130 g Haferflocken
70 g Magerquark
70 ml Milch, fettarm, 1,5%
1 EL gemahlene Haselnüsse

ZUBEREITUNG:

Die Eier in einer Schüssel gut aufschlagen und mit den restlichen Zutaten vermengen, bis eine klebrige Masse entstanden ist.
Ein Waffeleisen erhitzen, gegebenenfalls einölen und den Teig darin portionsweise ausbacken lassen.

NÄHRWERTE PRO PORTION: Kalorien: 459 kcal Kohlenhydrate: 43 g Eiweiß: 25 g Fett: 19 g

Schoko-Minz-Dessert

ZUBEREITUNGSZEIT: 5 MINUTEN

ZUTATEN FÜR 2 PORTIONEN:

450 g Skyr
½ Bund Minze
1 EL Backkakao
1 TL Honig

ZUBEREITUNG:

Den Skyr in eine Schüssel geben und mit dem Kakao verrühren.
Die Minze waschen und hacken. Ebenfalls unter den Skyr mengen.
Zum Schluss mit dem Honig süßen.
In einem Dessertglas anrichten und genießen.

NÄHRWERTE PRO PORTION: Kalorien: 159 kcal Kohlenhydrate: 13 g Eiweiß: 25 g Fett: 1 g

Nicecream

ZUBEREITUNGSZEIT: 5 MINUTEN

ZUTATEN FÜR 2 PORTIONEN:

1 Banane, in Scheiben, gefroren
100 g Brombeeren, gefroren
1 EL Agavendicksaft

ZUBEREITUNG:

Die Banane und die Brombeeren zusammen in einen Mixer geben und pürieren. Mit Agavendicksaft süßen und in Schälchen angerichtet servieren.
Dies funktioniert übrigens auch mit vielen anderen Obstsorten.

NÄHRWERTE PRO PORTION: Kalorien: 102 kcal Kohlenhydrate: 21 g Eiweiß: 1 g Fett: 0 g

Haselnuss-Tortenboden

ZUBEREITUNGSZEIT: 10 MINUTEN, BACKZEIT: 12-15 MINUTEN

ZUTATEN FÜR 1 BODEN:

225 g Haselnüsse
40 g Vanille-Whey-Proteinpulver
55 g zerlassene Butter

ZUBEREITUNG:

Zunächst die Haselnüsse in einen Mixer geben und fein zermahlen.
Anschließend das Vanillepulver und die zerlassene Butter zu den Haselnüssen geben und gut vermengen.
Es entsteht ein krümeliger Teig. Diesen in eine Kuchenform geben und bei 180° C für 12-15 Minuten in den Ofen stellen.
Den Tortenboden aus der Form lösen und nach Belieben belegen.

NÄHRWERTE PRO PORTION: Kalorien: 2009 kcal Kohlenhydrate: 19 g Eiweiß: 70 g Fett: 179 g

ZUTATEN FÜR 4 PORTIONEN:

1 Tasse Espresso
2 EL Kakaopulver
500 g Mascarpone
3 EL Xylit
3 Eigelb
5 Eier
100 g Mandeln, gemahlen
2 EL Erythrit
Backpapier

ZUBEREITUNG:

Als erstes die Eier trennen und das Eiweiß steifschlagen.
Das Eigelb in eine Schüssel geben und mit Erythrit und Mandeln verquirlen.
Den Eischnee unter die Eigelbmasse heben.
Ein Backblech mit Backpapier auslegen und die Masse darauf verteilen.
Für 20 Minuten bei 180°C backen.
Wenn der Boden ausgekühlt ist, in fingerdicke Stücke schneiden.
Diese in Espresso tauchen und in eine Schale legen.
Nun die 3 Eigelb in eine Schüssel geben. Mit Xylit und Mascarpone vermischen.
Zum Schluss alles abwechselnd in eine Schale schichten. Mit der Mascarponecreme abschließen.
Vor dem Servieren mit Kakaopulver bestreuen.

NÄHRWERTE PRO PORTION:

Kalorien: 676 kcal   Kohlenhydrate: 2 g   Eiweiß: 22 g   Fett: 60 g

Apfelkompott

ZUBEREITUNGSZEIT: 10 MINUTEN, KOCHZEIT: 10 MINUTEN

ZUTATEN FÜR 4 PORTIONEN:

250 ml Wasser
4 Boskoop Äpfel
1 Stange Zimt
1 EL Zitronensaft
1 TL Stevia

ZUBEREITUNG:

Die Äpfel von der Schale befreien, entkernen und grob zerkleinern.
In einem Topf die Apfelstücke mit der Zimtstange, dem Wasser, Stevia und dem Zitronensaft ca. 10 Minuten kochen lassen, bis die Apfelstücke weich sind.
Die Zimtstange entfernen und mit einem Pürierstab die Zutaten zu einem Brei pürieren.
Das Apfelmus entweder servieren oder in Schraubgläser füllen, auf den Kopf stellen und dunkel sowie kühl lagern.

NÄHRWERTE PRO PORTION:

Kalorien: 74 kcal Kohlenhydrate: 17 g Eiweiß: 0 g Fett: 0 g

Kandierter Apfel

Zubereitungszeit: 20 Minuten

ZUTATEN FÜR 2 PORTIONEN:

2 Äpfel
2 EL Kokosblütenzucker
2 EL gehackte Mandeln
1 EL Kokosöl
1 EL Zitronensaft
1 TL Maisstärke
1 Prise Zimt
1 Prise Salz

ZUBEREITUNG:

Zunächst den Apfel entkernen - am besten gelingt dies mit einem Ausstecher. Den Apfel anschließend in Scheiben schneiden.
Nun den Zucker zusammen mit Öl, Zitronensaft, Maisstärke, Zimt und Salz in einen Topf geben, die Apfelscheiben hineingeben und für 10 Minuten bei mittlerer Wärmezufuhr unter ständigem Rühren erhitzen.
Zum Schluss die Äpfel mit den Mandeln bestreuen und genießen.

NÄHRWERTE PRO PORTION:

Kalorien: 171 kcal Kohlenhydrate: 31 g Eiweiß: 2 g Fett: 4 g

Banane im Schokomantel

ZUBEREITUNGSZEIT: 15 MINUTEN, RUHEZEIT: 20 MINUTEN

ZUTATEN FÜR 2 PORTIONEN:

2 Bananen
60 g Zartbitterschokolade
½ TL Cranberrys
½ TL Kokosblütenzucker
1 TL Cashewkerne
½ TL Limettensaft
1 Prise Vanille
1 Prise Zimt
2 Holzstäbchen

ZUBEREITUNG:

Als erstes die Schokolade hacken und in eine Schüssel geben.
Wasser in einen Topf geben und die Schüssel hineinstellen. Die Schokolade über dem Wasserbad schmelzen lassen und die Gewürze untermischen.
Währenddessen die Bananen schälen und auf die Holzstäbchen spießen.
Die Cashewkerne hacken, ebenso die Cranberrys. Beides mit dem Zucker und dem Limettensaft vermengen.
Danach die Bananen in die geschmolzene Schokolade tunken und in der Nussmischung wälzen.
Zum Schluss die Bananen für 20 Minuten in den Kühlschrank stellen, damit die Schokolade trocknen kann.

NÄHRWERTE PRO PORTION: Kalorien: 298 kcal Kohlenhydrate: 44 g Eiweiß: 4 g Fett: 11 g

Snacks

Zucchini-Chips

ZUBEREITUNGSZEIT: 10 MINUTEN, BACKZEIT: 2 STUNDEN

ZUTATEN FÜR 4 PORTIONEN:

4 Zucchini
1 Prise Knoblauchpulver
2 EL Olivenöl
Salz und Pfeffer

ZUBEREITUNG:

Den Backofen auf 100° C vorheizen und ein Backblech mit Backpapier auslegen.
Die Zucchini waschen und in dünne Scheiben schneiden. Diese auf dem Backblech verteilen.
Öl mit Knoblauchpulver, Salz und Pfeffer vermengen und die Zucchinischeiben damit einpinseln.
Diese für 2 Stunden in den Backofen geben und ausbacken.

NÄHRWERTE PRO PORTION:

Kalorien: 92 kcal   Kohlenhydrate: 3 g   Eiweiß: 2 g   Fett: 7 g

Herbstkekse

ZUBEREITUNGSZEIT: 10 MINUTEN, BACKZEIT: 10-14 MINUTEN

ZUTATEN FÜR 20 PORTIONEN:

180 g Mandelmehl
1 Ei
4 EL Honig
50 g Kürbispüree
2 EL Butter
1 EL Lebkuchengewürz
½ TL Backpulver
1 Prise Salz
140 g Schokodrops, zuckerfrei
Backpapier

ZUBEREITUNG:

Zunächst alle Zutaten zusammen in eine Schüssel geben und verkneten.
Ein Backblech mit Backpapier auslegen und mit einem Teelöffel kleine Teigstücke auf das Blech legen.
Für 10-14 Minuten bei 180°C backen.

NÄHRWERTE PRO PORTION: Kalorien: 98 kcal Kohlenhydrate: 6 g Eiweiß: 6 g Fett: 5 g

Joghurt-Drops

ZUBEREITUNGSZEIT: 10 MINUTEN, GEFRIERZEIT: 25 MINUTEN

ZUTATEN FÜR 4 PORTIONEN:

700 ml Mandeljoghurt
100 g Johannisbeeren
2 Äpfel

ZUBEREITUNG:

Zunächst die Johannisbeeren unter fließendem Wasser abwaschen. Die Äpfel schälen, entkernen und in Stücke schneiden.
Anschließend 300 ml Joghurt zusammen mit dem Obst in den Mixer geben und fein pürieren.
Nun das Püree in eine Pralinenform oder einen Eiswürfelbehälter geben und im Gefrierfach für 25 Minuten frosten.
Den restlichen Joghurt in eine Schale geben und die Drops hinzufügen.
Ein sehr erfrischendes Rezept, besonders an warmen Sommertagen.

NÄHRWERTE PRO PORTION: Kalorien: 140 kcal Kohlenhydrate: 18 g Eiweiß: 2 g Fett: 6 g

Müsliriegel

ZUBEREITUNGSZEIT: 10 MINUTEN

ZUTATEN FÜR 2 PORTIONEN:

30 g Haferflocken
15 g Weizenkleie
1 EL Haselnüsse
2 Datteln
2 getrocknete Aprikosen
1 EL Kokosflocken
1 EL Kokosöl
1 TL Agavendicksaft
1 Prise Zimt
1 Prise Salz

ZUBEREITUNG:

Für den Müsliriegel alle Zutaten in den Mixer geben und pürieren.
Ein Backblech mit Backpapier auslegen und die Masse darauf geben, kaltstellen und fest werden lassen.
In Riegel schneiden und genießen.

NÄHRWERTE PRO PORTION:

Kalorien: 168 kcal Kohlenhydrate: 25 g Eiweiß: 5 g Fett: 5 g

Kokospralinen

ZUBEREITUNGSZEIT: 15 MINUTEN

ZUTATEN FÜR 20 KUGELN:

120 g Kokosraspeln
3 EL Kokosöl
60 g Xylit
1 EL Vanille-Drops
1 Prise Salz

ZUBEREITUNG:

Zunächst alle Zutaten in eine Schüssel füllen und mit einem Rührgerät zu einem Teig verarbeiten.
Aus diesem Teig mit den Händen kleine Kugeln formen.
Zum Schluss in Kokosraspeln wälzen.
Etwas ruhen lassen, damit sich die Pralinen festigen.

NÄHRWERTE PRO PORTION:

Kalorien: 47 kcal Kohlenhydrate: 1 g Eiweiß: 0 g Fett: 4 g

Gefüllte Avocado-Schiffchen

Zubereitungszeit: 15 Minuten

ZUTATEN FÜR 4 PORTIONEN:

2 Avocados
2 Eier
1 Zwiebel
50 g Räucherlachs
40 g Kaviar
½ Zitrone
Salz und Pfeffer

ZUBEREITUNG:

Zunächst die Eier hart kochen und anschließend kalt abschrecken. Die Zitrone halbieren, auspressen und den Saft dabei auffangen.
Im Anschluss die Avocados halbieren, entkernen und das Fruchtfleisch mit einem Löffel aus der Schale lösen.
Danach die Zwiebel schälen, halbieren und fein hacken. Die Eier, den Lachs und das Avocadofruchtfleisch klein schneiden.
Alles zusammen in eine Schüssel geben und mit Salz und Pfeffer abschmecken.
Die Masse zurück in die Avocadoschale füllen, mit dem Zitronensaft beträufeln und den Kaviar auflegen.

NÄHRWERTE PRO PORTION: Kalorien: 295 kcal Kohlenhydrate: 12 g Eiweiß: 10 g Fett: 22 g

Thunfisch-Avocado-Tatar

Zubereitungszeit: 15 Minuten

ZUTATEN FÜR 2 PORTIONEN:

125 g Thunfisch, frisch
1 Avocado
10 g Dill
15 g Petersilie
1 Eigelb
1 Zitrone
1 Orange
2 EL Olivenöl
75 g Chicorée
Salz und Pfeffer

ZUBEREITUNG:

Zunächst den Thunfisch fein hacken und mit Eigelb, Salz und Pfeffer vermengen.
Die Avocado halbieren, entkernen und das Fruchtfleisch mit einem Löffel aus der Schale lösen. Danach die Zitrone halbieren, auspressen und den Saft dabei auffangen.
Nun das Avocadofruchtfleisch mit etwas Zitronensaft, Salz und Pfeffer vermengen.
Den Chicorée waschen und in Streifen schneiden.
Im Anschluss die Orange halbieren, auspressen und den Saft auffangen. Petersilie und Dill zusammen mit Zitronen- und Orangensaft, Olivenöl, Salz und Pfeffer in den Mixer geben und pürieren.
Den Thunfisch zusammen mit der Avocado auf einem Teller anrichten, mit dem Chicorée-Streifen einwickeln und mit der Marinade beträufeln.

NÄHRWERTE PRO PORTION: Kalorien: 503 kcal Kohlenhydrate: 19 g Eiweiß: 19 g Fett: 38 g

Schoko-Nuss-Bällchen

ZUBEREITUNGSZEIT: 10 MINUTEN

ZUTATEN FÜR 15 BÄLLCHEN:

50 g Cashewbutter
15 g Kakaopulver
10 g gemahlene Leinsamen
2 EL Rosinen
15 g Mandelmehl

ZUBEREITUNG:

Einfach alle Zutaten zusammen in eine Schüssel geben und verkneten.
Aus dem Teig mit den Händen Bällchen formen.
Fertig!

NÄHRWERTE PRO PORTION:

Kalorien: 36 kcal Kohlenhydrate: 2 g Eiweiß: 2 g Fett: 2 g

Sellerie mit Knoblauch-Dip

ZUBEREITUNGSZEIT: 10 MINUTEN

ZUTATEN FÜR 2 PORTIONEN:

2 Stangen Staudensellerie
1 EL Frischkäse, fettarm
1 EL Magerquark
1 Knoblauchzehe
1 Spritzer Zitronensaft
1 TL Petersilie, grob gehackt
Salz und Pfeffer

ZUBEREITUNG:

Als erstes den Sellerie putzen und in Stücke schneiden. Die Knoblauchzehe schälen und fein hacken.
Frischkäse in eine Schüssel geben und mit dem Quark vermengen. Zitronensaft und Knoblauch unterrühren und mit Salz und Pfeffer abschmecken. Die Petersilie untermischen und den Dip in ein Schälchen füllen.
Den Sellerie in den Dip tauchen und genießen.

NÄHRWERTE PRO PORTION: Kalorien: 45 kcal Kohlenhydrate: 4 g Eiweiß: 5 g Fett: 1 g

Birne im Schinkenmantel

ZUBEREITUNGSZEIT: 10 MINUTEN

ZUTATEN FÜR 4 PORTIONEN:

1 EL Thymian
2 EL Honig
3 EL Zitronensaft
5 EL Olivenöl
Salz und Pfeffer
2 Birnen
12 Scheiben Prosciutto
60 g Parmesan
1 EL Petersilie
1 EL Basilikum

ZUBEREITUNG:

Als erstes den Thymian zusammen mit Honig, Zitronensaft, Öl und Salz in eine Schüssel geben und gut vermischen.
Danach die Birne waschen, entkernen und in Streifen schneiden.
Die Birnenscheiben in die Marinade legen und kurz einwirken lassen.
Nun die Birnenscheiben mit dem Prosciutto ummanteln und mit dem Parmesan, den Kräutern sowie dem Pfeffer würzen.

NÄHRWERTE PRO PORTION: Kalorien: 379 kcal Kohlenhydrate: 17 g Eiweiß: 18 g Fett: 26 g

Gefüllte Champignons

Zubereitungszeit: 20 Minuten

ZUTATEN FÜR 2 PORTIONEN:

6 Champignons
60 g Mozzarella
1 Tomate
1 EL Olivenöl
1 TL Zitronensaft
Basilikum
Oregano
Salz

ZUBEREITUNG:

Die Champignons ordentlich putzen und den Strunk entfernen. Anschließend mit Olivenöl bestreichen.
Nun die Tomate waschen und klein schneiden.
Den Mozzarella trockentupfen und ebenfalls klein schneiden.
Basilikum und Oregano fein hacken.
Danach Mozzarella, Tomaten, Zitronensaft, Salz, Basilikum sowie Oregano in eine Schüssel geben und alles miteinander vermengen.
Die Masse in die Champignons füllen und für 10 Minuten in einer Pfanne braten.

NÄHRWERTE PRO PORTION: Kalorien: 169 kcal Kohlenhydrate: 2 g Eiweiß: 9 g Fett: 13 g

ZUTATEN FÜR 2 PORTIONEN:

4 Eier
1 Avocado
40 g Frühlingszwiebeln
2 EL Limettensaft
2 EL Senf
Salz und Pfeffer
Chiliflocken
Etwas Schnittlauch

ZUBEREITUNG:

Die Eier hart kochen und mit kaltem Wasser abschrecken.
Im Anschluss die Avocado halbieren, entkernen und das Fruchtfleisch mit einem Löffel herauslösen.
Das Fruchtfleisch zusammen mit Senf und Limettensaft in eine Schüssel geben und zermatschen.
Die Eier pellen und halbieren. Das Eigelb mit einem Löffel entfernen und dieses mit der Avocado vermischen.
Nun Schnittlauch und Frühlingszwiebeln fein hacken und zur Avocado-Masse geben. Mit Salz, Pfeffer und Chiliflocken abschmecken.
Die Mischung in einen Spritzbeutel füllen und in die ausgehöhlten Eier spritzen.

NÄHRWERTE PRO PORTION: Kalorien: 375 kcal Kohlenhydrate: 14 g Eiweiß: 13 g Fett: 29 g

Rohkost mit Zaziki-Dip

ZUBEREITUNGSZEIT: 15 MINUTEN

ZUTATEN FÜR 4 PORTIONEN:

1 Paprika, gelb
1 Paprika, rot
2 Möhren
400 g Sojajoghurt
1 Salatgurke
2 Knoblauchzehe
2 EL Petersilie
2 TL Kerbel
2 TL Zitronensaft
Salz und Pfeffer

ZUBEREITUNG:

Die Möhren schälen und in Stücke schneiden. Die Paprika waschen, entkernen und ebenfalls stückeln.
Nun die Gurke waschen und über einer Reibe raspeln.
Den Knoblauch schälen und fein hacken. Petersilie und Kerbel putzen und ebenfalls hacken.
Den Sojajoghurt in eine Schüssel geben und Knoblauch und Gurke hineinrühren. Zitronensaft, Petersilie, Kerbel und Vanillezucker ebenfalls unterrühren und mit Salz und Pfeffer abschmecken.
Die Rohkost zusammen mit dem Dip anrichten und genießen.

NÄHRWERTE PRO PORTION: Kalorien: 87 kcal Kohlenhydrate: 14 g Eiweiß: 3 g Fett: 1 g

Süße Bruschetta

Zubereitungszeit: 15 Minuten

ZUTATEN FÜR 3 PORTIONEN:

3 Scheiben Ciabatta
½ Nektarine
¼ Avocado
½ Zwiebel
1 EL Walnussöl
1 Spritzer Limettensaft
1 Blatt Salbei, gehackt
1 TL Schnittlauch
Salz und Pfeffer

ZUBEREITUNG:

Als erstes die Zwiebel schälen, halbieren und würfeln. Den Schnittlauch putzen und in Ringe schneiden. Das Fruchtfleisch mit einem Löffel aus der Avocado herauslösen. Die Nektarine würfeln.
Anschließend das Ciabatta mit Walnussöl einstreichen und in einer Pfanne von beiden Seiten anrösten.
Danach die Zwiebeln zusammen mit Schnittlauch, Nektarine, Avocado, Salbei sowie Limettensaft vermengen und mit Salz und Pfeffer abschmecken.
Die Mischung auf die Brote geben und genießen.

NÄHRWERTE PRO PORTION: Kalorien: 139 kcal Kohlenhydrate: 14 g Eiweiß: 3 g Fett: 7 g

Nuss-Snack

ZUTATEN FÜR 4 PORTIONEN:

50 g Erdnüsse
50 g Cashewkerne
2 Chilischoten, getrocknet
1 EL Kokosöl
2 Limettenblätter
1 TL Kokosblütenzucker
½ TL Ingwer, gerieben
Abrieb einer Limette
Salz

ZUBEREITUNG:

Zunächst das Öl in einer Pfanne erhitzen und Erdnüsse, Cashews, Chili und Limettenblätter darin anrösten.
Den Nusssnack mit Zucker, Ingwer, Limettenabrieb und Salz abschmecken.
Abkühlen lassen und genießen.

NÄHRWERTE PRO PORTION: Kalorien: 163 kcal Kohlenhydrate: 7 g Eiweiß: 5 g Fett: 12 g

Aufstriche und Dips

Tomaten-Knoblauch-Dip

Zubereitungszeit: 5 Minuten

ZUTATEN FÜR 2 PORTIONEN:

250 g Skyr
2 Knoblauchzehen
2 getrocknete Tomaten
Kräuter nach Wahl, gehackt
1 TL Milch (fettarm), 1,5 %
Salz und Pfeffer

ZUBEREITUNG:

Die Tomaten klein schneiden. Den Knoblauch schälen und fein hacken.
Anschließend den Skyr zusammen mit der Milch verrühren. Die Tomaten, den Knoblauch und die Kräuter hinzugeben und vermengen. Mit Salz und Pfeffer abschmecken.

NÄHRWERTE PRO PORTION: Kalorien: 113 kcal Kohlenhydrate: 10 g Eiweiß: 16 g Fett: 3 g

Kürbis-Chutney

ZUBEREITUNGSZEIT: 20 MINUTEN

ZUTATEN FÜR 2 PORTIONEN:

250 g Kürbis, Butternut, gerieben
½ Zimtstange
½ TL Butter
1 ½ EL Akazienhonig
50 ml Wasser
½ Peperoncino, rot
2 EL Weißweinessig
1 Prise Salz

ZUBEREITUNG:

Die Butter zunächst in einer Pfanne erhitzen. Kürbis und Zimt hineingeben und anbraten. Mit dem Wasser ablöschen und alle Zutaten, außer dem Essig, hinzufügen. Für 5 Minuten bei niedriger Wärmezufuhr köcheln lassen. Dabei gelegentlich umrühren.

Anschließend den Essig einrühren und nochmals für 5 Minuten köcheln. Zum Schluss die Zimtstange herausnehmen und fertig ist das Kürbis-Chutney!

NÄHRWERTE PRO PORTION: Kalorien: 131 kcal Kohlenhydrate: 33 g Eiweiß: 3 g Fett: 1 g

Paprika-Gurken-Skyrfrischkäse mit Minze

ZUBEREITUNGSZEIT: 5 MINUTEN, ENTWÄSSERUNGSZEIT: EINIGE STUNDEN

ZUTATEN FÜR 2 PORTIONEN:

300 g Skyr
½ Paprika
½ Gurke
Pfeffer und Meersalz
5 Blätter Minze

ZUBEREITUNG:

Den Skyr in ein feines Sieb geben und mehrere Stunden entwässern. Der Skyr wird dabei immer fester - zum Schluss ist die Konsistenz wie ein Frischkäse.
Die Paprika waschen, entkernen und in Würfel schneiden. Die Gurke waschen, halbieren, die Kerne mit einem Teelöffel herauslösen und ebenfalls würfeln. Die Minzblätter waschen und hacken.
Den Skyr-Frischkäse mit den restlichen Zutaten vermengen und mit den Gewürzen abschmecken.

NÄHRWERTE PRO PORTION: Kalorien: 127 kcal Kohlenhydrate: 11 g Eiweiß: 18 g Fett: 1 g

Kräuterremoulade

Zubereitungszeit: 5 Minuten

ZUTATEN FÜR 2 PORTIONEN:

400 g Skyr
200 g Gewürzgurken
1 EL Knoblauchpulver
100 g Miracle Whip „So Leicht“
1 EL Petersilie, getrocknet
1 EL Schnittlauch, getrocknet
2 EL Tomatenmark
2 EL Senf
2 EL Zitronensaft
Salz und Pfeffer

ZUBEREITUNG:

Die Gewürzgurken klein schneiden und zusammen mit Skyr, Mayonnaise, Petersilie, Schnittlauch, Knoblauchpulver, Tomatenmark, Senf und Zitronensaft in einen Mixer geben und pürieren.

Mit Salz und Pfeffer abschmecken und servieren.

NÄHRWERTE PRO PORTION: Kalorien: 243 kcal Kohlenhydrate: 28 g Eiweiß: 27 g Fett: 4 g

ZUTATEN FÜR 2 PORTIONEN:

½ Avocado
½ Tomate
100 g Hüttenkäse
1 Spritzer Limettensaft
Salz und Pfeffer

ZUBEREITUNG:

Als erstes von der Avocado den Stein entfernen und das Fruchtfleisch mit einem Löffel herauslösen.
Das Fruchtfleisch klein schneiden und mit dem Limettensaft beträufeln.
Nun die Tomate waschen und würfeln.
Die Tomatenwürfel zusammen mit dem Avocado-Fruchtfleisch und dem Hüttenkäse in eine Schüssel geben und vermengen. Mit Salz und Pfeffer abschmecken.

NÄHRWERTE PRO PORTION: Kalorien: 155 kcal Kohlenhydrate: 7 g Eiweiß: 7 g Fett: 11 g

Orangenmarmelade

ZUBEREITUNGSZEIT: 20 MINUTEN, ZIEHZEIT: EINIGE STUNDEN

ZUTATEN FÜR 2 PORTIONEN:

1 Schuss Orangenaroma
1 Pck. Gelatine, gemahlen
Wasser (Menge von Gelatine-Packung)
½ Orange
flüssiger Süßstoff

ZUBEREITUNG:

Zunächst die Gelatine in Wasser einweichen.
Währenddessen die Orange schälen und in kleine Stücke schneiden.
Anschließend die Orangenstücke zusammen mit Aroma und Gelatine vermengen und mit Süßstoff süßen.
Zum Schluss die Marmelade einige Stunden ziehen lassen. Sollte die Marmelade zu fest sein, kann noch etwas Wasser hinzugegeben werden, um sie streichfähiger zu machen.

NÄHRWERTE PRO PORTION: Kalorien: 36 kcal Kohlenhydrate: 4 g Eiweiß: 5 g Fett: 0 g

Erdbeer-Vanille-Marmelade

ZUBEREITUNGSZEIT: 5 MINUTEN, KOCHZEIT: 20 MINUTEN

ZUTATEN FÜR 2 PORTIONEN:

90 g Erdbeeren, TK aufgetaut
12 g Erythrit
1 Vanilleschote
2 Blatt Gelatine

ZUBEREITUNG:

Zunächst die Erdbeeren zusammen mit dem Erythrit und dem Vanille-Stevia in einen Topf geben und auf hoher Stufe erhitzen. Gelegentlich mit einem Kochlöffel umrühren.
Wenn die Erdbeermischung anfängt zu dampfen, den Herd auf die niedrigste Stufe stellen und für 15-20 Minuten kochen, dabei gelegentlich umrühren.
Nach dieser Zeit die Gelatine hinzufügen und wiederum durchmengen.
Danach noch ca. 2-3 Minuten köcheln lassen und ebenfalls umrühren.
Vor dem Verzehr die Marmelade gut abkühlen lassen.

NÄHRWERTE PRO PORTION: Kalorien: 29 kcal Kohlenhydrate: 4 g Eiweiß: 2 g Fett: 0 g

Getränke

Grüner Birnensmoothie

ZUBEREITUNGSZEIT: 10 MINUTEN

ZUTATEN FÜR 2 PORTIONEN:

4 Birnen
300 ml Birnensaft
100 g Spinat
½ Bund Petersilie
1 Apfel

ZUBEREITUNG:

Als erstes den Spinat und die Petersilie gründlich waschen. Die Birnen und den Apfel waschen, entkernen und in grobe Stücke schneiden.
Spinat, Petersilie, Apfel und Birne zusammen mit dem Birnensaft in einen Mixer geben und pürieren. In Gläser füllen und genießen.

NÄHRWERTE PRO PORTION: Kalorien: 282 kcal Kohlenhydrate: 57 g Eiweiß: 3 g Fett: 3 g

Haferflocken-Smoothie

Zubereitungszeit: 5 Minuten

ZUTATEN FÜR 2 PORTIONEN:

200 g Skyr
300 ml Milch (fettarm), 1,5 %
4 EL Haferflocken
200 g Erdbeeren, gefroren

ZUBEREITUNG:

Den Skyr zusammen mit der Milch, den Haferflocken und den Erdbeeren in einen Mixer geben und pürieren.
Den Smoothie in Gläser füllen und genießen.

NÄHRWERTE PRO PORTION: Kalorien: 228 kcal Kohlenhydrate: 27 g Eiweiß: 19 g Fett: 4 g

Ananas-Mango-Smoothie

ZUBEREITUNGSZEIT: 10 MINUTEN

ZUTATEN FÜR 2 PORTIONEN:

½ Ananas
½ Mango
¼ Limette
1 Orange
5 g Ingwer

ZUBEREITUNG:

Zunächst die Ananas schälen und klein schneiden.
Die Mango schälen, den Kern entfernen und in grobe Stücke schneiden.
Die Limette auspressen. Die Orange häuten und in Stücke schneiden.
Den Ingwer schälen und in Stücke schneiden.
Alle Zutaten in einen Mixer geben und soweit mit Wasser befüllen, bis alles bedeckt ist.
Den Inhalt pürieren, bis eine cremige Masse vorhanden ist.
Den Smoothie in Gläser füllen und servieren.

NÄHRWERTE PRO PORTION: Kalorien: 135 kcal Kohlenhydrate: 28 g Eiweiß: 2 g Fett: 1 g

Roter Smoothie

ZUBEREITUNGSZEIT: 10 MINUTEN

ZUTATEN FÜR 2 PORTIONEN:

50 g Erdbeeren
50 g Himbeeren
50 g Johannisbeeren
1 Orange

ZUBEREITUNG:

Alle Beeren gründlich waschen.
Die Orange häuten und in Stücke schneiden.
Alle Zutaten zusammen in einen Mixer geben und pürieren.
In Gläser füllen und servieren.

NÄHRWERTE PRO PORTION: Kalorien: 70 kcal Kohlenhydrate: 12 g Eiweiß: 2 g Fett: 1 g

14-Tage-Ernährungsplan

Um den Muskelaufbau ideal zu fördern, ist ein passender Ernährungsplan sehr hilfreich. Nachfolgend erhältst du ein 14-Tage-Programm, mit dessen Unterstützung es dir einfacher fallen wird, konsequent und entschlossen deine Ziele zu erreichen.

Wir wünschen dir viel Spaß beim Zubereiten und einen guten Appetit!

TAG 1

Frühstück:
Kerniges Porridge (Rezept S. 14)

Mittagessen:
Hähnchen-Spinat-Curry (Rezept S. 43)

Abendessen:
Tomaten-Fenchel-Salat (Rezept S. 27)

Snack:
Müsliriegel (Rezept S. 87)

Nährwerte pro Tag:
Kalorien: 1373 kcal Kohlenhydrate: 100 g Eiweiß: 78 g Fett: 72 g

TAG 2

Frühstück:
Eier-Käse-Wolken (Rezept S. 18)

Mittagessen:
Rindfleischpfanne (Rezept S. 48)

Abendessen:
Bärlauchsuppe (Rezept S. 37)

Snack:
Kokospralinen (Rezept S. 88)

Nährwerte pro Tag:
Kalorien: 821 kcal   Kohlenhydrate: 17 g   Eiweiß: 65 g   Fett: 49 g

TAG 3

Frühstück:
Blaubeer-Hafer-Skyr (Rezept S. 17)

Mittagessen:
Nudeln mit Gemüse aus der Pfanne (Rezept S. 60)

Abendessen:
Blumenkohlpüree (Rezept S. 56)

Snack:
Gefüllte Avocado-Schiffchen (Rezept S. 89)

Nährwerte pro Tag:
Kalorien: 806 kcal   Kohlenhydrate: 67 g   Eiweiß: 52 g   Fett: 33 g

TAG 4

Frühstück:
Spinat-Omelett (Rezept S. 8)

Mittagessen:
Gebratener Kabeljau (Rezept S. 52)

Abendessen:
Sommerlicher Kartoffelsalat (Rezept S. 33)

Snack:
Rohkost mit Zaziki-Dip (Rezept S. 96)

Nährwerte pro Tag:
Kalorien: 897 kcal Kohlenhydrate: 74 g Eiweiß: 48 g Fett: 42 g

TAG 5

Frühstück:
American Pancakes (Rezept S. 5)

Mittagessen:
Avocado-Eier (Rezept S. 58)

Abendessen:
Türkische Pizza (Rezept S. 44)

Snack:
Bananen-Muffins (Rezept S. 73)

Nährwerte pro Tag:
Kalorien: 1452 kcal Kohlenhydrate: 85 g Eiweiß: 114 g Fett: 70 g

TAG 6

Frühstück:
Low Carb Brötchen (Rezept S. 10)

Mittagessen:
Puteninvoltini (Rezept S. 46)

Abendessen:
Möhrensuppe mit Hackfleischbällchen (Rezept S. 35)

Snack:
Herbstkekse (Rezept S. 85)

Nährwerte pro Tag:
Kalorien: 1002 kcal Kohlenhydrate: 26 g Eiweiß: 119 g Fett: 45 g

TAG 7

Frühstück:
Bananenjoghurt (Rezept S. 19)

Mittagessen:
Zucchini-Bolognese (Rezept S. 47)

Abendessen:
Erdbeer-Spargel-Salat (Rezept S. 30)

Snack:
Gefüllte Champignons (Rezept S. 94)

Nährwerte pro Tag:
Kalorien: 1529 kcal Kohlenhydrate: 70 g Eiweiß: 72 g Fett: 98 g

TAG 8

Frühstück:
Herzhafte Waffeln (Rezept S. 15)

Mittagessen:
Lachsfilet auf grünem Spargel (Rezept S. 49)

Abendessen:
Glasnudelsalat (Rezept S. 26)

Snack:
Nuss-Snack (Rezept S. 98)

Nährwerte pro Tag:

Kalorien: 1279 kcal | Kohlenhydrate: 115 g | Eiweiß: 85 g | Fett: 49 g

TAG 9

Frühstück:
Tomaten-Mozzarella-Omelett mit Schinken (Rezept S. 7)

Mittagessen:
Gebackenes Hähnchenfilet (Rezept S. 42)

Abendessen:
Süße Bruschetta (Rezept S. 97)

Snack:
Schoko-Minz-Dessert (Rezept S. 76)

Nährwerte pro Tag:

Kalorien: 1123 kcal | Kohlenhydrate: 35 g | Eiweiß: 108 g | Fett: 61 g

TAG 10

Frühstück:
Dinkelbrötchen (Rezept S. 12)

Mittagessen:
Paprikagemüse (Rezept S. 65)

Abendessen:
Zucchini-Käse-Suppe (Rezept S. 39)

Snack:
Joghurt-Drops (Rezept S. 86)

Nährwerte pro Tag:
Kalorien: 705 kcal Kohlenhydrate: 62 g Eiweiß: 22 g Fett: 39 g

TAG 11

Frühstück:
Skyr-Pancakes (Rezept S. 6)

Mittagessen:
Blumenkohl-Pfanne (Rezept S. 57)

Abendessen:
Gemischter Salat mit Fleischeinlage (Rezept S. 22)

Snack:
Zucchini-Chips (Rezept S. 84)

Nährwerte pro Tag:
Kalorien: 874 kcal Kohlenhydrate: 31 g Eiweiß: 62 g Fett: 51 g

TAG 12

Frühstück:
Sandwich mit Lachs (Rezept S. 16)

Mittagessen:
Gurken-Curry (Rezept S. 63)

Abendessen:
Zartweizen mit Dip (Rezept S. 59)

Snack:
Gefüllte Eier (Rezept S. 95)

Nährwerte pro Tag:
Kalorien: 1783 kcal   Kohlenhydrate: 114 g   Eiweiß: 58 g   Fett: 107 g

TAG 13

Frühstück:
Apfel-Walnuss-Quark (Rezept S. 20)

Mittagessen:
Gebackenes Lachsfilet auf Karotten-Spaghetti (Rezept S. 50)

Abendessen:
Thailändische Hühnersuppe (Rezept S. 36)

Snack:
Schoko-Nuss-Bällchen (Rezept S. 91)

Nährwerte pro Tag:
Kalorien: 1147 kcal   Kohlenhydrate: 44 g   Eiweiß: 84 g   Fett: 68 g

TAG 14

Frühstück:
Nussbrötchen (Rezept S. 11)

Mittagessen:
Skyr-Auflauf (Rezept S. 62)

Abendessen:
Griechischer Salat mit Garnelen und Feta (Rezept S. 24)

Snack:
Eiweiß-Waffeln (Rezept S. 75)

Nährwerte pro Tag:

Kalorien: 2472 kcal Kohlenhydrate: 173 g Eiweiß: 197 g Fett: 103 g

Haftungsausschluss

Die Informationen in diesem Buch wurden mit großer Sorgfalt zusammengestellt. Für die Richtigkeit und Vollständigkeit kann gleichwohl keine Gewähr übernommen werden. Aus diesem Grund ist jegliche Haftung für eventuelle Schäden im Zusammenhang mit der Nutzung des Informationsangebots ausgeschlossen.

Impressum

Kontakt: VKN Verlag,

vertreten durch: Stephan Kaltner, Höckhstr. 9a, 83646 Bad Tölz

E-Mail: svexperts@e.mail.de

Covergestaltung: VKN Verlag

Coverfoto: depositphotos.com

ISBN: 978-3-949805-00-4

Printed in Great Britain
by Amazon

70157195R00072